爆紅、成癮、愛馬仕

一位英國教授的社群媒體臥底觀察

Influence, Vanity, and the Birkin Dream:

Undercover in the World of Likes, Luxury, and Addiction

陳安妮
Annie Chen

彭諾曼
Norman Peng

著

推薦序

迷人的新世代田野調查

前今日新聞董事長，現任姊妹淘網媒社長　黃群仁

在報導文學的書海中，我所看過迷人作品都有幾項共同特點。首先，作者總是親身入局，去體驗跟自己身分、職業、地域不同的角色扮演。在經歷各種衝突的驚嚇裡、累積經驗後都能將這個體驗經營得有聲有色。

其次，作者都有隻生花妙筆。總能用流利的筆觸，寫下旅程裡暨荒誕又驚奇，能讓讀者莞爾，閱讀時如歷現場意猶未盡的好文筆。

最後，作者們都還能擁有做學術田野調查者般的犀利眼光。讓這些經歷的好故事不只是故事，還能總結出發人深省的好洞察。

本書就是這樣具有文字好讀，娛樂十足與媒體觀察三種成效皆備的好書。我想這應該得利於作者安妮的成長背景。年輕當過百貨櫃姐、空姐這些看來時尚產業實則辛苦的

工作，經過苦讀成為英國行銷學教授的資歷。又願意將興趣與學術研究集於一身，有勇氣賭上不亞於做事業的衝勁，加入年輕族群瘋狂的ＩＧ，能為一名成功網紅。

說明安妮除了擁有學院智慧外，更多的是人群闖蕩的街頭智慧。

成為網紅，是現代年輕族群最熱門的職業願望之一。在我們身邊圍繞著的，不管餐廳裡、旅遊點，甚至馬路上，到處都有拿著手機拍照、直播的眾網紅們身影。

但微網紅、甚至奈米網紅要擁有什麼技巧才能爆紅？而網紅的真實生活裡，又是怎樣的酸甜苦辣？

安妮在書中敘述自己進行了一場新手進階打怪，最終成功屠龍的英雄之旅。

闖入ＩＧ這個滿是年輕人的社群平台，從嚐到影片意外走紅的甜頭開局，努力專心做好內容卻無所獲。尋找協助，找網紅群體一鍵三連的互助與騙局，影片突然爆紅後卻停滯不前的焦慮，把家庭伴侶老公拉入局當專業攝影與ＩＧ伴侶，上癮到廢寢忘食而生了病，將家庭、工作、興趣都攪成一團的混亂與沉思。最終利用五星飯店、柏金包、保時捷做為網紅之路的配套，成功完成定位，成為「還不錯」的網紅。

這麼多有趣題材的組合，注定本書有極高的故事可讀性。

當然身為學術菁英的作者，在書中也有很多民族誌調研式的精采觀察。特別還有對於微網紅、奈米網紅的力爭上游卻無所獲的無奈。

現實是殘酷的，當大家都羨慕千萬網紅的風光時，數以千萬計的網紅，又有多少人真能脫穎而出？

真實世界裡，是那些努力數年下來也只能有幾千粉，或者數萬追蹤者的奈米網紅們。想努力業配最終只能獲得免費午餐，靠此養家糊口幾乎不可能。還有那些夜以繼日地關注社群平台，如同上癮般的視為生活唯一的圖譜。

結果許多網紅不僅在經濟上入不敷出，生活各種脫節。連作者這樣高學歷的網紅全身投入其中，都會投入上癮到生病。社群媒體癮頭的可怕，可見一斑。

書中還有學生太想成功，不管不顧地拿出僅有的房租錢投放廣告最終失敗、小女生被迫只能睡在圖書館的瘋狂事。雖然最後喜劇收場，沒發生憾事。但這說明年輕族群在社群媒體中瘋狂至極的次文化。這也是事件現場最好的田野調查。

身為媒體人，我在職場中感受社群平台的震撼可謂不小。從看著社群媒體初起時媒體人的不在意，到短短數年內就將媒體拉下新聞王座的壟斷。整個過程居功至偉的，正是這一批批內容創造者，或稱為網紅們的大功勞。

網紅利用社群平台網路科技的威力，創造多元又新鮮更新奇的題材，再讓平台從媒體裡搶奪下來的廣告費、代言費滋養網紅。資訊正用更分散、更個人式的方式在傳播，而社群平台，順勢成為新一代訊息傳遞的樞紐。

社群平台是否已經取代新聞媒體？一直是媒體圈討論的熱門話題。如今更多的共識是，媒體更需要跟社群平台共生。要共生，就必須更了解網紅族群的生態與心態。從中找到與這個族群協作的方式，也成為媒體能否存活的重要課題。

什麼誘因激勵網紅們熱情如上癮般地創造內容？媒體機制也能產生吸引網紅合作的商業模式嗎？

好書，常常是讀者思考問題的啟動者，這也是我從本書中獲得的寶貴學習！

好評推薦

從此一著作內容的深入分析，兩位作者以敏銳的觀察力與具體融入網紅與社群平台的情境，剖析當下社群平台如何影響現代社會的人，由於重度使用ＩＧ的價值觀與人際關係，所產生疏離效應的生活狀態。

本書不僅揭露社群網路平台背後的邏輯，也提醒現代的人，在訊息密集交流的生活中，應如何保持獨立判斷的思維與素養。尤其是，身處是重度使用社群媒體的朋友，如何從中獲得正能量的思維，以及脫離同溫層的迷失。

在面對社群媒體不斷涉入人類生活情境的過程，這本書的內容，對於嘗試理解社群溝通運作方式的朋友，絕對值得期待。

——世新大學校長陳清河

匯流紀元，人人都可以是自媒體，網紅（influencer）成了二十一世紀傳播、行銷研究新現象，多少人想在網路上「紅」，怎麼「紅」，哪種「紅」？「紅」多久？有方程式嗎？紅，還要「爆紅」，哇，中間學問大了。

「成癮」是老問題，什麼都可以成癮，「成」「癮」，有進行式，也可以是過去式，學術研究很多，更多未來式。

本書以類田野方式呈現，作者文筆生動，筆下的人物、地點、情境，你（妳）可能熟悉，也可能感覺新鮮，至於要不要用愛馬仕，其實不重要，那不過就是個道具、背景。想紅，想爆紅，方法千萬種，成癮或者去掉癮頭，開心做自己，有沒有愛馬仕，who cares？

——台灣匯流研究學會理事長彭芸

你是否對「社群媒體影響力」感到好奇？本書將揭開網路名氣背後那些令人意想不到的祕訣、操作技巧與幕後觀察。快來加入行銷學教授安妮阿姨的五星級社群媒體華麗探險——保證讓你不虛此行！

——倫敦大學皇家哈洛威學院行銷教授 Chris Hackley

目錄

推薦序　迷人的新世代田野調查　黃群仁　003

好評推薦　007

前言　015

序　走進「微」網紅的世界　021

十個學生有十一個想經營自媒體，我好奇：「要成為網紅真的很難嗎？」既然發表了那麼多數位行銷、品牌經營、社群媒體的學術論文，該是親身做個田野調查的時候了。我需要粉絲、為數不小的粉絲！

第1章　初來乍到　035

初期使用社群媒體時遇到了許多困難，特別是在建立粉絲方面。加入互助組後不僅學到了很多，也結識了一些同樣懷抱成為網紅夢想的朋友，讓我這個從零開始的新手默默累積了一點小成績。

第2章　這是爆紅嗎？　055

一夜之間被瘋傳是社群媒體世界的夢想，也是創作者們努力追求的聖杯。在追求爆紅的路上，我結識了一些特別的朋友，他們的風格與爆紅策略大異其趣，共同之處是都很努力且充滿熱情。而我做了一支獲得九十四萬次觀看的影片，成為我的一大轉捩點。

第3章　IG成癮與網路詐騙　071

經歷了一段艱難的撞牆期，不僅影響了情緒，也讓我一度懷疑自己的能力。我漸漸發現自己對IG的依賴開始變得不正常，甚至到了上癮的程度。為了經營社群媒體投入大量時間與精力，個人的精神健康也付出了沉重的代價，讓我開始反思如何在創作與生活之間找到平衡。

第4章　飛越杜鵑窩之我好像起笑了……　091

我的身心開始崩潰，決定找醫生求助，卻發現問題比我想像中更複雜。回到台灣後，台灣醫生懷疑我有吸毒問題。逐漸康復後，以前非常抗拒課金的我開始

學習投放廣告，讓關注加快成長。

第5章 尋找流量密碼 111

我喜歡分享自己的穿搭風格，讓更多人看到我的造型理念。除了個人興趣之外，也希望能吸引時尚或服飾品牌的關注，開展合作機會。然而真正開始經營後，我才發現理想與現實之間仍存在著不小的落差。

第6章 倫敦五星級咖啡巡禮 133

我喜歡探索倫敦的高級飯店，五星飯店的咖啡廳不僅有優質的環境和服務，還有許多值得分享的細節，精緻的擺盤、奢華的裝潢和特別的歷史氛圍。這主題讓我的關注度提高。許多粉絲表示，他們喜歡透過我的分享了解這些高級場所，也有粉絲在留言中說，因為我的推薦，他們也開始嘗試這種小奢華體驗。

第7章 不只保時捷，還要愛馬仕 149

保時捷一直是我丈夫的夢想。為了讓畫面更加吸引人，我們買了輛保時捷敞篷跑車當入鏡道具。但這還不夠！我發現拍攝愛馬仕包包能讓後台數據顯著提

升。為了營造氣氛並拍出個人特色，網紅該有的配件工具自然一個也不能少！

第8章　現實的幻象　173

我的ＩＧ三天兩頭出現五星級飯店、米其林餐廳，朋友還以為我超級有錢。不只是朋友和粉絲，創作者會不小心迷失在精心打造的幻象裡，忘了哪部分才是真實人生。網路上富家女的人設背後，現實中可能只是有個髒亂小房間的灰姑娘。

第9章　一〇一二四〇　189

隨著粉絲人數逐漸增長，我開始收到一些廠商的合作邀約，尤其是來自奢華餐廳與五星飯店的邀請，餐廳經常免費提供價值不菲的餐點。某個月我統計了一下，發現當月總共吃掉新台幣十萬零一千兩百四十元。儘管餐點是免費的，但身為微網紅，很多合作不會附帶額外的報酬。

第10章　倫敦微網紅的孤單與連結　213

社群媒體看似熱鬧，但經營者常感到孤獨。有些人可能因競爭或分歧與伴侶產

生摩擦，單身者則用社群關注填補真實情感的空缺。粉絲不再只是螢幕上的名字，許多人開始融入微網紅的現實生活，從活動相遇到尋求建議，線上與線下的連結在倫敦變得更強烈。

回首來時路：田野筆記總結 229

如果哪天我不當教授了，我會繼續當網紅嗎？穿梭於兩個截然不同的世界，切換不同的身分，若非社群網路，我的生命不會闖入這麼多形形色色的靈魂。

本書獻給 239

Preface

前言

生活中許多事物都是短暫的——物質財富可能煙消雲散，甚至一夕之間被奪走，但深刻的「體驗」卻是真正屬於你，誰也無法剝奪的資產。無論是留學、移民，或是海外壯遊，還是像我一樣嘗試成為「偽」網紅，每一次的選擇或經驗都是一場獨特的冒險。

然而，要放下既有的安穩生活、工作或責任去追尋新體驗，從來不是件容易的事。因此，這本書想做的一件事，就是讓你能在沙發上、通勤途中，或是睡前放鬆的片刻，輕鬆跟隨我這位行銷教授兼地球資深觀察員（叫我安妮阿姨也可以）的腳步，一同見證我過去幾年以「偽」網紅身分，在社群媒體世界進行的「臥底」觀察。

在這趟旅程中，我踏遍了上百家倫敦的五星級飯店，數不清的豪華餐廳，添購了許多的拍攝道具（包含一輛保時捷、幾個愛馬仕包包、空拍機，以及多件有七十年以上歷史的古裝衣服與配飾），差點落入詐騙陷阱，甚至因為過度投入而數次進出醫院。這些經歷，有些光鮮亮麗得不太真實，有些則充滿了現實的殘酷。我將這些經歷一一記錄下來，衷心希望你會喜歡。雖然這是一個關於在英國倫敦和社交平台Instagram的故事，但我想揭示的卻是我們這個時代共通的數位生活樣貌。因為網路世界將各個城市角落緊密地連接了起來。書中探討的社群經營邏輯、演算法的影響與使用者的心態，早已跨越了平台的界線。無論是Facebook、TikTok，還是台灣大家最近常用的脆（Threads），世界各地的使用者與數位內容創作者其實都在上演著這個故事的不同版本。我甚至期待，透過我的「倫敦偽網紅經驗」，能為你的生活體驗增添更多思考的色彩。當然，社群網路的世界既深又廣，我所能觸及以及呈現的不過是冰山一角，也可以說滄海一粟。這個領域日新月異，每個內容創作者的策略也各有千秋。我只是透過自己的方式，試圖拆解其中一小部分的運作邏輯，並分享這段旅程中的真實所見所聞。

每個人投身網路社群媒體的初衷不盡相同。如果你已是檯面上知名的網紅（或者你更喜歡「自媒體」、「內容創作者」、KOC、KOL這類稱呼），那麼書中某些內容或許顯得班門弄斧，還請多包涵。但我猜想，我的某些經歷或觀察也許仍能讓你莞爾一笑，或者在心底悄悄共鳴：「啊，終於有人懂我了！」

對許多旁觀者而言（我也聽過蠻多人說），經營網路社群媒體似乎不難：發幾支影片、累積些粉絲，說不定哪天運氣好就爆紅了，甚至搖身變成一份正式的職業可以養家糊口。他們或許相信，只要肯投入時間總有成功的一天——畢竟，這世上哪有什麼事是真的遙不可及的呢？但身在其中的你我或許都更清楚，現實往往並非如此。這條路其實與求職、升學，乃至人生諸多挑戰相似，單憑一腔熱情是遠遠不夠的，還必須付出超乎想像的努力。而更殘酷的現實是，即使拚盡全力，成功也從來不是必然的保證。而且，你可能還要常常面對身邊的人經常問你：「什麼時候要找份『真正』的工作啊？」

如果你的目標是成為一名數位內容創作者，或者想將其發展成為副業，那麼我可以很有把握地說：這確實是一份值得投入，甚至潛力無限的事業選擇。然而，請務必理解，經營社群媒體從來沒有放諸四海皆準的成功公式，也沒有哪本教科書能保證你一躍成為頂尖的網路ＫＯＬ或影響者（Influencer）。這條路所需耗費的心力、對細節的琢磨、策略的布局，其複雜與強度恐怕不亞於任何高壓力的專業工作；它對經營者的自律、應變能力，甚至抗壓性的要求，可能遠超過許多人的想像。

我希望透過分享這段親身經歷能讓你稍微少走一些冤枉路。但同時，我也想對所有年輕（以及心態年輕）的朋友們說：不必因此就畏首畏尾。有想法，就勇敢去嘗試吧！畢竟人生只有一次，不是嗎？Life is too short. We only live once!

幾年前我在ＩＧ上認識了一位來自菲律賓的「小」朋友。因為共同的興趣以及我們喜歡創作的內容，我們倆從網路交流成為了現實中的朋友。他曾熱情地到機場接我，帶我探索馬尼拉。然而去年得知他因突發性中風而離世的消息，才二十二歲！這件事令人深刻體悟到，人生無論長短，重要的是活在當下，珍惜每一刻，讓這趟人生旅程不留遺憾。

如果你經營社群媒體只是為了存放照片，記錄生活，這本書同樣能帶給你啟發。社群媒體不只是發布內容的平台，更是數位時代記錄生活的一種方式。你將學會如何整理與呈現照片，讓個人頁面更有質感，並掌握一些簡單實用的方法，讓你的貼文更具影響力，吸引志同道合的朋友在你的個人平台與你互動交流。此外，本書也會探討如何避開常見的社群陷阱，並分享在享受分享樂趣的同時，如何不被演算法綁架。如果你只是單純想記錄生活，這本書能幫助你更輕鬆地做到這一點，同時保有對社群媒體的主導權，而不被數據與流量牽著走。

如果你很少使用社群媒體，但對這個網路世界充滿好奇，或是像我當初一樣抱持著懷疑的態度，你更應該繼續讀下去。從一個英國大學教授的親身觀察與趣味經歷，能幫助你理解這個時代的社交遊戲規則。或許你曾經納悶：「為什麼有人吃完飯沒付錢就離開，像是吃了霸王餐，而老闆卻毫不在意？」或「為什麼一個普通上班族能天天穿新衣服上班？」這本書將以深入淺出的方式，為你揭開其中的部分奧祕，帶你一探這個看似光鮮亮麗，實則暗潮洶湧的網路世界。

如果你自己很少使用社群媒體，但身邊有親友是重度使用者，那麼這本書或許能讓你更理解他們的世界，甚至幫助你與他們產生更多共鳴。你會發現，經營社群媒體並不只是「發發照片、滑滑影片」這麼簡單，而是一個需要投入心力的過程。這也許能讓你更理解，為什麼你的朋友或家人會如此專注於數據、演算法，甚至為了一則貼文花費數小時精心編輯。透過這本書，你可以站在更理解的角度，與身邊的社群媒體使用者交流，甚至在需要時給予適當的建議與支持。

接下來，就請你跟著我進入「微」網紅的世界吧！

The Prologue
Stepping into the World of "Micro" Influencers

走進「微」網紅的世界

微網紅[1]可說是個新物種。

二〇二二年五月九日，星期一，斜躺在台北某醫院候診區外的長椅上，視線落在牆上那塊醒目的牌子——「美沙冬特別門診」。熟悉電影或電視劇的人都知道，美沙冬是一種用來治療毒品成癮的替代療法。醫生懷疑我吸毒……

回想起來，雖然我從未碰過毒品，卻確實深陷某種上癮——網路上癮，更精準的應該說是ＩＧ上癮。即便當時心悸如擂，彷彿心臟隨時會停擺的樣子，腦海裡仍不斷盤旋著兩個問題：什麼時候才能突破十萬粉絲？什麼時候才能拍出一支破百萬觀看的「爆紅」短影片？

然而，此刻的我連打開ＩＧ的力氣都沒有，只能與幾位神智似乎不太清楚的「病友」一起，斜靠在那張冰冷、堅硬的塑膠椅上——是藍色的？還是綠色的？痛苦讓一切變得模糊……這一切怪不得別人，都是自己一步步走來的。而這場荒謬的旅程，或許早在二〇一八年升等為教授的那一刻就已悄然啟程了。

升等了，然後呢？

二〇一八年在英國升等為行銷學教授後，前輩們紛紛致賀恭喜，說終於可以自由書寫想研究的學術論文。然而這正是問題所在——我喜歡教學，卻沒有「特別」熱愛學術論文寫作。博士論文能順利完成，其中一個原因要感謝我當初在倫敦附近小鎮唸書時陰錯陽差收養的愛貓。因為牠，讓我有了博士論文題目以及研究方向的靈感；至於讓學術生涯得以展開的奢華餐廳研究，則源自於愛品嚐美食以及探索新餐廳的熱愛。努力升等，也是希望擁有更多選擇，去嘗試更多不同及多樣化的事物。至於那些「不同的事」是什麼，在剛升教授的那段時間，答案仍不明朗。於是，我開始滑著當時大家愛用的社群媒體平台，像是臉書和ＩＧ，思索著學生口中的網路世界與社群媒體，也許靈感就藏在其中。

或許該先說明，我並非厭惡研究。相反的，我對世界充滿好奇，只是對學術發表的

1 雖沒有嚴謹的定義，不過根據富士比與主流媒體的分類法，「微」網紅的粉絲介於一萬至五萬之間。一千以上，但少於一萬的影響者被稱為「奈米」網紅（nano-influencer）。多於五萬則可被稱為「小」網紅。超過五十萬則可被稱為是網紅（macro-influencer）。

過程感到疲乏。此外，與學生相處也是一件樂事。如果你願意聆聽且不討人厭，學生們總有新鮮事可分享。扣除越來越短、越來越忙的寒暑假，這仍是大學工作中少數殘存的樂趣之一。

如同台灣的研究生，英國的碩士生也是要寫畢業論文的。與台灣較不一樣的地方在於，英國的商管碩士生在選題目時的自主性很高。因此，英國商科碩論的題目往往都很跟得上流行，而網紅與網路社群可算是這幾年重複率相當高的研究議題。耳濡目染下，在我心中埋下了想更了解這個領域的想法。

嚴格來說，social media influencer直接翻譯為「網紅」並不完全精確。然而，我之所以選擇這個詼諧中帶點戲謔，甚至略帶負面色彩的詞來形容社群網路上的內容創作者，是因為它既貼近大眾對這類人物的直覺印象，也巧妙反映了這個產業在主流與邊緣、專業與娛樂之間的模糊地帶。此外，這樣的翻譯簡潔流暢，符合日常語境，甚至近年來連某些學術論文也開始以「網紅」取代較為中立的「內容創作者」（content creator）、「影響者」（influencer，英美較常使用）或「KOL/KOC[2]」（在台灣或華文圈比較常用）。因此，在本書中，「網紅」將作為主要用詞，但也會根據情境適時交替使用，以呈現不同層次的意涵。讀者們別擔心，本書中雖然很偶爾會參雜些學術用詞及概念，但我沒打算給各位講課。那是我白天的工作。

這本書講述的是一個比小說更寫實，卻又比現實多了一層戲劇性的故事——在忙於教學與研究的同時，如何跟著平均小我二十多歲的年輕女孩們學習當個「微」網紅，並透過他們的視角重新審視我們所處的社會。不過在進入正題之前或許該先交代一下背景。前因後果，總是重要的。

從櫃姐、空姐，到大學教授

從十六歲起，我寒暑假總是台北市各大百貨公司站櫃打工。我的第一份打工是在西門町某家現已消失的百貨公司，幫忙專櫃小姐處理銷售事宜，也可以說是幫忙打雜。一方面是為了賺零用錢，另一方面則是可以了解有什麼新產品推出與接受新科技帶來的刺激，而百貨公司從不缺少這兩樣東西。同時也意外發現，自己似乎對銷售有點天分。不僅負責的服飾品牌專櫃業績不錯，就連臨時幫同事看顧飲水機或縫紉機櫃位時，也能輕鬆留住逛街的客人。畢業後，最大的心願是走遍世界，而最經濟的方式就是報考航空公

2 KOL=Key opinion leader（關鍵意見領袖）；KOC= Key opinion consumer（關鍵意見消費者）。

司。台灣所有航空公司的招募幾乎我都參加過，也幾乎都落榜，最後只剩下當時仍算年輕的台灣前兩大國際航空公司之一。抱著不大的希望報了名，卻一路闖到了最後一關。一般來說，空服員面試不會由公司的創辦人或是CEO親自主持，但那天巧得很，其中一位主要面試官居然是「他」。最廣為人知的就是他只講台語，至於具體聊了些什麼已記不清，只記得最後他笑著評語：「妳的台語很有趣。」不知道是不是因為這句話，最終順利錄取了。

在航空公司服務了數年，認識了不少朋友，去了許多地方，我又開始嚮往不一樣的生活。於是半工半讀地完成大學學業，接著又拿出存款到英國的倫敦大學讀企業管理碩士MBA，並認識了當時正在就讀博士的老公。本來MBA念完就要重回台灣的職場，可是卻「誤以為」學術這行很自由，於是陰錯陽差地繼續念了個博士。二〇一一年博士念到尾聲，想說這次真的要開始找業界工作了，履歷也都開始準備投了，結果人算不如天算。已經在任教的老公系上有位同事匆匆離職，課要開天窗。有多匆匆呢？這位仁兄在禮拜五告訴系主任要離職，並且當天就回到了非洲老家，完全不顧離職需要兩個月交接期的規定。系主任自言自語地說：「這時候要去哪裡找人？」我可愛的另一半也不知道哪裡來的信心，就說：「我太太博士快畢業了，她剛好在學校附近，人目前在牛津街逛街。」可能是實在沒辦法了，系主任就說不曉得她逛完街可以來「聊一聊」嗎？有待過英國的就知道，工作上的聊聊鮮少是真的聊聊，其實就是面試。他問了我一些問題，但主要是確認有沒有合法工作的身分……然後就叫我禮拜一去上課了。合約還是之後才補上的。

七秒影片嚐到甜頭

以我酷愛新事物的個性，原以為學校的生活會很平淡，可能難以持久。沒想到大學的精采度絲毫不輸百貨公司與航空公司。尤其在異鄉工作，更是充滿挑戰與刺激。反而是度過重重難關，順利成為教授後，這行業無聊的面向才如潮水般猛然湧來，差點將我淹沒。於是如同前面所說的，我開始滑社群媒體，想想新的研究主題。邊看著所謂的網紅在示範穿搭、帶貨、直播，邊想著「為什麼十個學生有十一個都想經營自媒體？」以及「要成為網紅真的很難嗎？」

這時雖有了最初步的想法，本身也有社群媒體如臉書與ＩＧ的帳戶，可是當時就只是很隨興地使用，想貼文就貼文，既沒有策略也沒有主軸。

事情的轉機來自某天跟老公走訪家附近的觀光勝地倫敦肯頓市集（Camden Town

Market）。這邊是倫敦相當重要的一個音樂重鎮，著名音樂家如Elton John、滾石樂團和齊柏林飛船都在此留下足跡。小天后泰勒絲的歌也有出現這個地方。此外，自一九七〇年代起，這邊也是英國龐克文化與非主流文化的搖籃。由於此處的文化重要性，每年約有兩千八百萬名遊客來此觀光與朝聖。

那天我們搭地鐵到肯頓市集出站。或許是從地底上到明亮的地表，又或許是夏天的暖陽普照，我突然覺得一切都很美，是個錄短影音（reel）的好時機。於是就請老公隨手拿著他的手機錄下一支我從右邊走到左邊的七秒鐘影片。那時也沒多想，錄好、沒後製就直接上傳，只有加了泰勒絲的歌。上傳後就繼續逛街，也沒有花時間與其他使用者互動或注意影片的流量。兩小時回家後打開ＩＧ，赫然發現這簡單的短影片居然吸引了五千人看！而且還在持續上升，最終停在八千人觀看。這時我的帳號僅有二十多個由親朋好友組成的follower（有時亦稱為粉絲、追蹤者）。四年後，對ＩＧ已熟悉許多的我，依舊有不少精心製作的短影音少於八千人觀看。更別說嘔心瀝血發表的學術論文了，它們一年有被下載過十次就要偷笑了。

這次的佳績讓當時的我誤以為在社群媒體上取得成功不難。或許之後真的有機會可以發展成為奈米網紅？於是我開始構思「臥底計畫」。但回想起來，這真是誤打誤撞。

知名景點與隨性的拍攝手法，在今天依舊是容易吸引觀眾的元素。再加上演算法為了鼓勵新手多玩而把影片往前推，很容易就讓新手玩家嚐到爆紅（go viral）的甜頭。而我就這樣上鉤了，想想還真好「騙」。

網路媒體的田野調查

當我把臥底計畫的想法分享給同事們聽時，他們大多反應冷淡，且不甚了解。這有什麼好研究的？要投稿到哪裡？有研究經費可以申請嗎？我心想：「你們在開玩笑嗎？系上有數位行銷的課。你們當中還有人在這堂課裡教書呢！」難怪會有學生覺得大學教授常常與現實脫節。看來我是得一個人從零開始，邊做、邊學、邊觀察。

這趟「旅程」的開始，玩票性質居多，主要是好奇心使然。當然，不能否認，我也帶著一股想爭口氣的心情踏入網路世界。大學教授常被貼上標籤——「恐龍」、「書呆子」、困在象牙塔裡，對教學之外的世界一無所知。對於這種刻板印象，我除了不以為然，更希望能身體力行地證明，理論知識是能付諸實踐的。教行銷，理應能真的會行銷。於是，我的第一步就設定為：先從在社群媒體上行銷自己做起。

雖然當初是抱著玩票心態，並且想證明自己不是恐龍，但回顧起來，研究人員的身分和書呆子精神似乎始終未曾離開我。行銷學中有許多的研究方法，如問卷、深度訪談、焦點團體等。但眾多方法中真正吸引我的其實是源自人類學研究中的民族誌。民族誌的研究者透過長期的田野調查（通常長達數年以上），以觀察者甚至成員一分子的身分，深入一個特定的文化群體或社會，並透過研究相關人、事、時、地、物等因素來了解該文化。這文化可以是原住民文化，也可以是網紅文化。

自一九六〇年代起，美國的社會科學學者陸續將傳統的民族誌研究方法做出若干改良。他們將研究範圍擴大，時程縮短，並讓研究員維持部分原先的作息。縱然有諸多改良，民族誌仍然鮮少為商學院的學者所使用。現代大學不太可能讓教職員長期不在學校，現代的學者在短期的研究發表壓力下也不可能像前人一樣，花五年、十年的工夫來寫一本書。本書亦非此類的學術研究與著作，而是借用民族誌的觀察視角，嘗試以平易的文字記錄這段經歷。

有趣的是，一般民眾反而蠻常有機會讀到以民族誌為基礎的大眾紀實文學。首先，要用民族誌來研究一個群體並不一定非學者不可，記者、作家與素人皆可以是好的民族誌研究者，非學者甚至有時更能提出有趣的見解。此外，民族誌較能完整敘述一個群體及其文化，而優秀的非學術出版社編輯則能幫忙去蕪存菁，把故事最精華的部分呈現出來。《我當黑幫老大的一天：流氓社會學家的貧民窟十年觀察》、《我在底層的生活：當專欄作家化身為女服務生》與《當女孩成為貨幣》皆是相對近期以民族誌為根基，兼具學術、文學創作與娛樂價值的優秀大眾紀實文學。讀者在不需要知道文獻回顧的過程或是資料分析方法的情況下，就能舒適地在自家沙發上貼近黑幫、清潔工、模特兒及紐約上城媽媽的生活。這幾本書也是我的榜樣——如何將「微」網紅的文化與生態圈有系統且輕鬆，並盡可能有趣地呈現給大家。

行銷自己！

行動計畫確認後，我首先簡單勾勒了幾個大方向，例如：不影響學校工作、盡量維持既有的生活作息等。此外，一個重要的原則是真正從零開始，至少在初期階段不向親友公開，也避免讓其他網友得知我完整的個人工作與生活背景。

在衡量了當時幾個主流社群平台，如IG、臉書、推特（現為X）與TikTok之後，我最終選定在IG開設新帳號。選擇IG的原因，一方面是平台相對熟悉，另一方面其調性也符合我預計建立的人物設定（人設）。

至於新的帳戶名則定為Canninglondon。London很好理解，代表我在英國的居住城市：Canning則是取自愛貓的名字。

接下來的五年時間裡，我便以一個業餘玩家的身分，將這個帳號逐步經營到累積超過兩萬八千名粉絲。這段歷程中不僅認識了些新朋友，為拍攝用途購入一輛保時捷及幾個愛馬仕包包，探訪了將近五百間餐廳，也曾因過度投入而數次進出醫院。

五年多的探索過程中，我了解到一件事：能夠在社群媒體上獲得長期成功的網紅，若選擇其他行業多半也可以表現不俗。不少有影響力的業餘網紅本身就是全職工作中的佼佼者，像是外科醫生與科技新貴；也有些是本業做到相當程度後，決定轉行當全職網紅。就如同任何行業，想要在網路上有長期的好表現，你需要投注難以想像的心力與資源：研究演算法的變化、與他人交換活動情報、面對孤寂與壓力、花時間拍片與後製……這些都是開始之前難以想像的。這是個對我相當陌生的世界。

開了新帳號後，我得重新學習許多事情，像是如何與網友互動、安排一天的拍片與上片行程、研究觀眾屬性與喜好。許多名人都說社群網路是一個偉大的社會平衡器，因為你不需要有個了不起的姓氏，也可以有極大的影響力。可是就我的觀察，自媒體圈才是個階級明確的圈子。你不用吹噓你多有影響力，旁人可以直接看你有多少追蹤者。有數十萬人追蹤的網紅就是比僅有兩三萬人追蹤的網紅來得有影響力。好，你說你追蹤者不多，可是每個都很有價值？那就請你秀出後台數據，告訴我他們來自哪裡。是的，人生而不平等。對某些平台或者品牌來說，歐美的粉絲就是比南亞的粉絲值錢，女粉絲又比男粉絲來得有價值。

此外，這也是一個分工相當細膩的圈子。同樣一杯咖啡，主打生活風格（lifestyle）型態的網紅會考慮餐桌椅的角度、餐巾的花樣以及背景的人事物；專拍靜物的網紅則會鉅細靡遺地幫這杯咖啡拍三百六十張獨照，距離近到你可以數出上面有幾個奶泡。兩者幾乎沒有交集。一開始，這對身為數位原始人的我都是陌生的。然而，為了求知慾以及反駁學生關於「大學老師不懂社群媒體」的評語，我必須在這虛擬世界中快速茁壯。換句話說，我需要粉絲、為數不小的粉絲！

身為一個行銷學教授，我應該至少有知識上的優勢吧？我暗自覺得，也希望是如此。我翻起了學術期刊與教科書來臨時抱佛腳。那些數位行銷、品牌經營及社群媒體相關的文章與理論或許可以讓我少走點冤枉路？是該看看這些書本知識是紙上談兵還是真金不怕火煉了。

Chapter 1
Fresh off the boat

初來乍到

千里之行，始於足下。

研究背景介紹

自二〇一〇年成立、並於二〇一二年被臉書現為Meta收購以來，ＩＧ已迅速崛起成為現今全球最具規模與影響力的社群媒體平台之一。截至二〇二四年，其全球活躍用戶數預估高達二十五億，這個數字本身就足以說明其驚人的滲透力。

這個平台尤其受到年輕族群的青睞。數據顯示，十八至二十四歲的使用者約有五億一千七百萬，而二十五至三十四歲的使用者也達到四億八千八百萬，這兩個年齡層構成了ＩＧ龐大的核心用戶基礎。從地域分布來看，印度擁有最多的使用者（約三億兩千六百萬），其次是美國（約一億六千八百萬）與巴西（約一億三千兩百萬）。若更細緻地觀察用戶輪廓，會發現它特別受到十六至四十四歲女性及十六至三十四歲男性的歡迎。當然，除了廣大的一般用戶，眾多名人、知名品牌與各式企業也活躍於此，更增添了其內容的多元性與商業吸引力。

說到商業價值，ＩＧ的影響力更是非凡。想知道在上面打廣告有多「值錢」嗎？以二〇二四年為例，若想邀請全球擁有最多追蹤者（約六億四千八百萬）的足球巨星C羅為你的產品發布一則推廣貼文，據估計，口袋至少得準備兩百三十五萬美元。若是想邀請追蹤數最多的女性名人席琳娜・戈梅茲（Selena Gomez，約四億兩千三百萬追蹤者），其單則貼文的價值也上看一百七十四萬美元。

除了驚人的用戶數量和名人效應，ＩＧ的普及率也極高。據估計，全球超過七成的智慧型手機都安裝了它的應用程式。這意味著廣告商能透過這個平台，觸及高達十六億兩千八百萬的潛在消費者。在一項針對八大主流社群媒體平台（包括Facebook、TikTok、LinkedIn、Snapchat、X/Twitter、Reddit和Pinterest）的用戶使用行為調查中，ＩＧ在多個關鍵指標上表現亮眼：在「分享照片與影音」及「研究品牌與產品」這兩方面拔得頭籌；在「尋找有趣或娛樂性內容」及「與親友保持聯繫」方面位居第二；即便是在「關注新聞與時事」上，也名列第三。這些數據再再證明了ＩＧ在當代數位生活中扮演的多元且重要的角色。

ＩＧ的受歡迎，部分原因在於開設帳號十分簡便。尤其如果你已有臉書帳號，更是輕點幾下就能完成（現在甚至能同步開通Threads帳號）。帳號主要分為個人（一般）

用戶與商業用戶兩種。兩者最大的區別在於，商業用戶可以查看更詳細的後台數據分析，這對於內容創作者或品牌經營者來說至關重要。對於名人、知名品牌或企業，還可以向平台申請官方認證。通過審核的帳號，名稱旁會出現標誌性的藍色勾勾（Blue Tick），代表其身分的真實性。

此外，ＩＧ用戶可以透過多種方式分享內容。目前主要的內容分享格式有四種：

1. 貼文（Post）：由單張或多張照片或影片組成，也可設定為滑動瀏覽的輪播形式。這是最經典，也是平台一開始就有的分享方式。
2. 限時動態（Story）：通常用於分享具時效性的即時內容，會在二十四小時後自動消失。其「閱後即焚」的特性，使其更適合隨性、生活化的分享。
3. 連續短片（Reel）：長度九十秒內的短影音，可以是預先錄製或即時拍攝。這種格式最初因TikTok而風靡全球，現已成為ＩＧ上極受歡迎的內容形式。
4. 直播（Live）：即時直播，能與觀眾直接互動。直播結束後，內容通常可以保存下來，供用戶重複觀看。

搞懂了這些基礎功能，也複習了些相關知識後，我便摩拳擦掌，急於融入這個虛擬社會，並嘗試與其中的成員建立連結。更為壯碩、腦容量更大的尼安塔德人為什麼會被我們的祖先智人取代並滅絕呢？我們的祖先能組成較大的社群據說是原因之一。

LCS——數位荒野求生記

Canninglondon發布的第一則貼文是在巴黎花神咖啡館（Café de Flore）前的獨照，結果只有不到十人按讚。接下來的四個月裡，我努力維持每週發布三則貼文或短影片的頻率。雖然累積了幾十位粉絲，但感覺自己離在這個數位世界中「滅絕」，恐怕只有幾步之遙。

幸運的是，就在我幾乎要放棄掙扎之際，一位嫁到希臘的台灣媳婦克麗奧伸出了橄欖枝，成為我在這個陌生世界的第一位引路人。對了，本書內容均取材自真實經驗與事件觀察，為了保護所有人物的隱私，已對相關背景、人物角色及情節進行適度改編與內容重組，目的在於忠實呈現經驗，也兼顧閱讀的流暢度並且避免不必要的爭議。若內容無意中與真實人物或事件相似，純屬巧合。

某天，正當我百無聊賴地滑著ＩＧ時，收到了一則來自克麗奧的訊息：「嘿，看妳的照片都拍得蠻好看的，有沒有興趣加入我的『互助組』？」

我心頭一動，但還是帶點疑惑地回覆：「『互助組』？那是什麼？」

克麗奧很快解釋道，這是一個大約由十二到十五人組成的小群組。加入的條件很簡單：你必須追蹤群組裡的每一位成員，相對的，所有成員也都會追蹤你。此外，對於群組內成員每天發布的貼文或連續短片，你都得去完成ＬＣＳ的動作；當然，你的內容他們也同樣會幫忙ＬＣＳ。

猜我下一句回了什麼？沒錯，我又問：「那……ＬＣＳ是什麼意思？」

「就是按讚（Like）、留言（Comment）和儲存（Save）[3]啦！」克麗奧解釋道。快速點開克麗奧的帳戶頁面，粉絲數赫然顯示著兩千多，足足是我的一百倍！深怕她下一秒就改變心意，我趕緊接受了邀請。於是，她便把我拉進了一個名為「ＩＧ女孩」的對話群組裡。

進群後，我連忙跟大家打了招呼，接著便迅速地逐一追蹤了群組裡的每一個人，並開始乖乖地在他們最新的貼文下完成ＬＣＳ三件套。接下來的一兩天，大家也相當「上道」地回訪追蹤。短短兩天內增加的粉絲數，竟然比我過去兩三週努力的總和還要多！

後來才知道，這種操作有個專有名詞，叫做Follow-for-follow（互追、互粉）。仔細想想，這與現實社會中的人際往來頗有異曲同工之妙。簡單來說，想要在任何一個社群（無論是線上還是線下）立足，除了建立良好的名聲，成為一個值得信賴的人之外，懂得與他人「互惠」也是不可或缺的一環。就這一點而言，網路世界與現實生活並無二致。畢竟，連黑猩猩都知道要互相梳理毛髮來維繫關係，那麼在社群媒體上互相按讚、追蹤，對我這個恐龍級別的智人來說應該也不是什麼難事吧？

「互追」對於新手玩家來說，無疑是一種能在短期內快速衝高粉絲數的有效策略。然而這種方法的效力通常難以持久，長期來看效果也有限。主要原因在於，參與者之間除了「想增加追蹤者」這個共同目標外，往往缺乏真正的共通點或連結，導致互動流於形式，深度不足。這種方式累積起來的粉絲數往往被視為「虛胖」，實際影響力微乎其微。此外，有一個「都市傳說」，如果參加互助組，ＩＧ會限制這些帳號的曝光及觸及率，甚至最終可能讓帳號停權。不過在其官方平台上並沒有看到相關的說法。

因此，在較為成熟的網紅圈子裡衡量影響力或人氣時，除了看粉絲總數，更會關注「粉絲追蹤比」（Follower-to-following ratio）[4]，也就是你的粉絲數除以你追蹤的人數。

---

3 後期變為按讚（Like）、留言（Comment）和分享（Share）。

4 追蹤者與追蹤比率＝追蹤者數量／你追蹤的帳號數量。

這個數值通常是越大越好，代表你的內容更具吸引力，而不是單靠互追撐場面。

在這樣的遊戲規則與「互助」情境下，自然就會出現一些「偷雞摸狗」之輩。有些人，你追蹤了他，他卻裝傻遲遲不回追；更令人不齒的是，有些人會先追蹤你，等過一兩天再悄悄地取消追蹤（unfollow）。這時候通常得靠組長出面協調，或者由群體施加同儕壓力。如果對方依然故我、冥頑不靈，那最終的下場往往就是被踢出群組，放逐回茫茫的數位荒野，任其自生自滅。畢竟，在任何一個講求互信的部落裡，沒有什麼比暗地裡占夥伴便宜、破壞規則更令人唾棄的行為了。

互助組與追求快速成長的新手

那麼，費心費力地完成ＬＣＳ這一套流程究竟是為了什麼呢？答案就在於「互動率」。根據二〇二三年的統計數據，ＩＧ上商業帳號的平均互動率約為百分之〇．七一。若細分內容格式來看，單張照片貼文的互動率約為百分之〇．五九，單支影片貼文約為百分之〇．五八，而輪播形式（多張照片或影片）的貼文則能達到相對較高的百分之一．二六。

換句話說，一個擁有一萬名追蹤者的帳號，平均可能只有五十九人會在一張照片貼文下按讚或留言，五十八人會在影片貼文下互動，而輪播貼文則可能吸引到一百二十六次互動。有趣的是，帳號的規模大小也會影響互動率，兩者通常呈現反向關係：規模越小的帳號（例如所謂的「奈米網紅」），其粉絲的互動意願和忠誠度，往往比粉絲數龐大的帳號來得更高。

理解了這一點，互助組的價值就更清晰了：它不僅能幫助成員在初期快速增加粉絲數，更能人為地維持一個相對活躍的互動率，讓帳號看起來更「健康」、更受演算法青睞。回想起來，克麗奧當初的幫助實在令我感念。在那段對ＩＧ尚一頭霧水的摸索期，她的友善接納開啟了我認識平台運作邏輯的第一扇門，更因此機緣得以結識許多同樣懷抱「微」網紅夢想的朋友。

在那之後的一段時間裡，我又陸續加入了將近十個性質各異的互助組。有些群組名稱聽起來就非常目標導向，像是直接取名「短影音幫幫忙」、「ＬＣＳ衝刺班」之類的；也有些頗具巧思，例如叫做「眨眼寶寶」的群組。

然而，加入互助組僅僅是個開始，絕非一勞永逸的終點。加入後的三個月內，最好是每天都要有新貼文或短影音。真的不行，一個禮拜至少也得更新五次。倘若連這樣的頻率都難以維持，那麼或許該思考一下，現階段是否只打算「輕鬆玩玩」就好。

為什麼這麼要求？因為除非你持續產出新內容，否則你的帳號成長將很難突破同溫層——組員們或許會基於義務幫你按讚舊文，但缺乏新鮮素材，他們就無法透過分享或真實互動，為你吸引到群組以外的新追蹤者。更關鍵的是，許多人相信，如果帳號更新不夠頻繁，就比較難獲得平台給予新帳號的「流量紅利」，從而錯失快速成長的黃金機會。

當然，在追求更新頻率的同時，內容品質也不能過於馬虎。至於是否需要在一開始就確立固定的主題？在這個探索階段，答案通常是「不必」。這反而是個絕佳的時機，讓你多方嘗試不同的題材與拍攝風格，不僅能發掘自己真正熱愛的方向，也能藉此觀察哪些主題最能吸引眼球，帶動人氣。

互助組的人口組成

剛開始玩時，有個現象讓我頗為好奇：儘管統計數據顯示，ＩＧ的全球用戶以男性略占多數（約百分之五十·六），但在參與過的十多個互助組中，男性成員的比例卻連十分之一都不到，而群組的領導者（組長）更是清一色由女性擔任。

就這個現象，我曾不經意地和幾位組長閒聊過。一個蠻常聽到的回覆是：「我希望這個群組能專心幫助大家衝粉絲數、提高互動率。」然而，如果目標僅是透過互追互讚來提升數據，那麼成員的性別照理說應該不會構成影響。

另一個可能性或許更接近實情：由於這些群組的發起人多為女性，她們所關注和分享的內容——例如每日穿搭（OOTD, Outfit of the Day）——恰好也是女性用戶普遍更感興趣的主題。在這種潛移默化的篩選下，自然就不經意地排除了對這類內容興趣較低的男性使用者。

還有一個更直接、也蠻常聽到的回答是：「我希望這個群組能成為一個專屬於女生的安全空間。」這聽起來似乎很有道理。網路世界魚龍混雜，任何人都可能遭遇騷擾，但不可否認的是，年輕女性遭受線上性騷擾、網路釣魚乃至跟蹤的風險，顯著高於其他群體[5]。設立一個僅限女性加入的群組，確實能在一定程度上過濾掉許多令人不適甚至感到威脅的狀況。連我這個「阿姨」級別的用戶，都會偶爾在ＩＧ私訊裡收到要求包養或猥褻照片的訊息，不難想像那些年輕貌美的女孩們，每天得面對多少類似的「鳥

5 Ochab, E.U. (2023). When the harassment of women moves online. Retrieved December 28th, 2024 from Forbes’ website: https://www.forbes.com/sites/ewelinaochab/2023/03/08/when-the-harassment-of-women-moves-online/

事」。

不過，現在的女生也越來越懂得保護自己，甚至反擊。有些女孩會直接將騷擾訊息截圖分享到群組裡警示大家，甚至選擇公開曝光騷擾者的帳號。

另一個我在互助組中觀察到的現象，似乎與年齡有關。成為「微」網紅這件事，彷彿有著不成文的年齡界線。這些互助組成員的平均年齡，明顯比ＩＧ整體用戶的平均年齡要低得多。常常聽到群組裡有人開玩笑說自己「剛滿二十五歲，已經是人瑞等級了」，每當挑到這些時，我內心都忍不住想「教訓」一下這些不知天高地厚的小朋友們。

根據粗略觀察，在我接觸過的那十多個、總計約一百五十人的互助組裡，三十五歲以上的成員已屬鳳毛麟角，而年齡比我長的，印象中大概只有兩位——那是一對剛退休、想透過經營ＩＧ發展新興趣的可愛夫妻。

這或許也反映了一個現實：扣除現實生活中日益增加的責任與羈絆，要長時間投入精力製作內容並與網友頻繁互動，確實是年輕人比較有餘裕（或說，比較「扛得住」）的事情。

大概也是從那時候起，我開始在和這些年輕網友聊天時，半開玩笑地自稱「老阿姨」。有趣的是，每次這麼說，他們總是笑得花枝亂顫，大概以為我只是在說笑，或是故意倚老賣老吧。直到後來和幾個比較熟的女孩聊開了，當她們得知我的真實年齡幾乎足以當她們的母親時，那瞬間臉上流露出的、彷彿親眼見到活化石般的震驚表情，實在是令人難忘。看來，即使是相對含蓄的西方歐洲年輕人，對於「年齡」這件事，骨子裡的好奇心其實一點也不少。

嚮往歐洲的東南亞女孩們

互助組的成員確實來自世界各地，組成背景相當多元。不過，細究起來，多數群組還是會隱約以特定國家或地區的成員為核心凝聚力。在我參與過的眾多群組中，有兩個令人印象格外深刻：一個主要由烏克蘭女孩組成，另一個則聚集了許多來自東南亞的朋友。而後者，至今仍是我互動最頻繁，也感覺最親近的社群之一。

在這個「東南亞幫」裡，大約四分之三的成員來自印尼、菲律賓、馬來西亞、越南等地。他們有個非常有趣的共通點：對遙遠的歐洲大城市——特別是巴黎、倫敦、米蘭——懷抱著近乎狂熱的迷戀與嚮往。許多人的帳號內容滿滿都是這些城市的經典街景或地標，例如倫敦的大笨鐘、巴黎的艾菲爾鐵塔，或是米蘭的艾曼紐二世迴廊。

然而，最讓人驚訝（或者說，最能體現社群媒體魔幻之處）的是：他們之中幾乎沒有人真正踏足過歐洲！

這樣一來，群組裡剩下那四分之一非東南亞成員的「功能」，也就不言而喻了。沒錯，我這個來自台灣的「老阿姨」就成了他們在倫敦的「在地窗口」或「內容供應商」之一，可以讓他們對倫敦的城市樣貌大飽眼福。

你可能會好奇，這些身在東南亞的朋友們，源源不絕的歐洲素材究竟從何而來？少部分人確實是透過網路搜集圖片、影片，有點像是把ＩＧ當作視覺靈感的Pinterest來經營。但更大一部分的精采內容，其實是來自於和身處歐洲的網友或朋友進行「跨國合作」。

群組裡就有位朋友經營得相當成功，短短時間內累積了數十萬粉絲，甚至接到了巴黎知名餐廳與特色旅館的業配邀請。想當然耳，他不可能為此專程飛一趟巴黎吃飯住宿，於是便巧妙地委託了身在巴黎的網友「代勞」，幫忙前往體驗、精心拍攝照片、錄製影片，以完成合作任務。而對於在地的網友來說，能有這樣的合作機會，往往也是互利雙贏，樂意之至。

至於我這個「倫敦代表」呢？幾年前到馬尼拉旅行時也順道約了一位群組裡的菲律

賓朋友見面，果不其然，又是一位充滿活力的年輕人。我們一邊悠閒地喝著下午茶，一邊熱絡地交換著經營ＩＧ的甘苦談。聊到興頭上，我又忍不住「哪壺不開提哪壺」地半開玩笑問：「哎呀，算算年紀，我大概都可以當你媽了吧？」他好奇地問了我的年齡，聽完後，帶著一絲狡黠的笑容回道：「嗯……我媽還比妳小兩歲喔。」

戰火下的烏克蘭女孩

「別擔心啦，普丁那只是在虛張聲勢。演習嘛，沒幾天就會結束了，一向都是這樣的，妳看著好了。」二〇二二年二月二十三日，在北倫敦一間雅致的社區咖啡館裡，來自烏克蘭的蘇菲亞一邊攪拌著拿鐵，一邊如此對我打包票。

隔天，俄軍的坦克就從烏克蘭的北部和東部邊境長驅直入。三年過去，戰火至今未歇。

我和蘇菲亞的緣分始於我在她的貼文下留言，表達對其拍攝手法的欣賞——她拍起靜物，尤其是咖啡杯與精緻小巧的首飾，確實有著獨到的眼光與美感。除了分享自己的作品，她偶爾也會接案，為一些小品牌拍攝產品照。幾次線上互動後，我們驚喜地發現彼此都住在北倫敦，便自然而然地約出來喝了咖啡。也正是她，後來把我拉進了那個主要由烏克蘭女孩組成的互助小組。

對我來說，造訪烏克蘭一直是人生願望清單上的一項，能在去之前多認識幾位當地朋友再合理不過了。這個小組很特別，除了定居倫敦的蘇菲亞和我，其餘成員當時都身處烏克蘭。組長是一位名叫安娜的年輕女孩，相當親切隨和，曾在米蘭遊學，經營著一個擁有近十五萬粉絲的帳號。雖然大家的帳號主題各異，從時尚、美妝到生活日常都有，但群組的凝聚力卻異常地強。

然而，俄烏戰爭爆發殘酷地改變了一切。隨著戰事升級，組裡的成員們一個接一個被迫踏上逃離家園的路途。有的去了波蘭，有的去了法國，也有的去了波羅的海三國。她們的貼文內容也逐漸趨於一致：起初是在歐洲各國參加反戰示威的畫面；接著是流落異鄉的點滴、對故土無盡的思念；偶爾，還會傳來家人或朋友在衝突中不幸喪生的噩耗……她們掙扎求存的生活與身處和平倫敦的我，形成了一道難以跨越的鴻溝。

也正是在這個充滿創傷與劇變的群組裡，我第一次如此深刻地體會到，某些網路紅人（或渴望成為網紅的人）對於現實世界的隔閡與遲鈍，有時竟能達到令人心驚的程度。

組長安娜和她的堂妹算是最早離開烏克蘭的其中一批人。她們先是搭火車逃往鄰國波蘭，隨後便輾轉前往她當年遊學時所熟悉的義大利米蘭。從她們沿途發布的貼文和連續短片來看，不難推測其家境相當優渥，甚至有可能是高層官員的子女。

問題在於，抵達相對安全的米蘭後，安娜的貼文風格幾乎未變，依舊是充滿了精緻的咖啡館、時尚的穿搭，以及看似無憂無慮的異國風情，與她們剛剛逃離的那個戰火紛飛的祖國形成了極度諷刺的對比。當時的我隱隱為她感到擔憂，卻又不知該如何（或是否有立場）開口提醒。

果不其然，沒過多久，安娜的帳號就遭到來自烏克蘭同胞排山倒海般的批評與指責（網路用語稱之為「出征」）。儘管她試圖解釋自己的處境與心情，但在國難當頭的氛圍下，這些辯解顯得蒼白無力，最終只得無奈地將帳號轉為私人，澈底消失在公眾視野中。

自此之後，那個曾經熱絡的小組也漸趨沉寂。我只能偶爾透過仍保持聯繫的蘇菲亞，輾轉得知那些烏克蘭姊妹們的零星近況，她們的命運，早已被捲入時代的洪流之中。

踏出新手村

那麼，一個標準的十五人互助組，大概能「孵化」出多少位粉絲數超過一千的「奈米」網紅呢？我的觀察是：除非成員自己中途放棄或實在過於懶散，否則絕大多數人都能達到這個目標。對許多年輕人來說，光是把身邊的同學、親友加一輪，通常就能輕鬆累積到三四百位粉絲；再加上互助組成員的基本盤，以及自己定期發布內容所自然吸引到的一些新追蹤者，要跨過一千這個門檻，其實比想像中要快得多。

然而，坦白說，擁有一千粉絲雖然足以被冠上「奈米」網紅的稱號，但這本身並不算什麼了不起的成就，許多人緣好、活躍度高的一般用戶都能達到甚至超過這個數字。根據我的經驗與觀察，真正的第一個分水嶺或許是三千粉絲。因為一旦達到這個量級，你通常就能比較穩定地開始收到一些來自廠商的合作邀約或業配機會。在歐美的一些網紅媒合ＡＰＰ也是用三千粉來當作可以加入的門檻。在互助組裡能突破三千粉絲的人，往往也是大家私下有點羨慕，甚至會請教經驗的對象。

平均來看，一個十五人的互助組中，大概有五分之一的成員能夠透過持續努力，慢慢達到三千粉絲的里程碑。但若想再往上突破，達到數萬甚至數十萬的級別，那就遠非僅靠「持之以恆」就能達成，還必須加上一點真正的實力（內容獨特性、策略眼光等）以及相當程度的運氣了。這個觀察，我認為不僅限於ＩＧ，也同樣適用於TikTok、Facebook及其他類似的社群網路平台。

根據我實際觀察測試的經驗，如果你希望自己的帳號能在初期階段快速成長，那麼加入、甚至主動發起一個互助組的確是一個可以考慮的策略。除了被動等待別人邀請，你也可以主動出擊，尋找合適的群組。大多數互助組都歡迎新人加入，畢竟既有成員也渴望透過新血加入來繼續擴大影響力。不過，要注意的是，一些運作較成熟、品質較高的互助組，有時會設下一些基本門檻（例如要求帳號看起來夠活躍，內容有一定水準等），因此，在申請加入前，最好確保你的帳號已經具備基本的個人簡介，並且累積了數十則貼文或影片。

回顧自己的起步階段，算是相當幸運。剛投入沒多久，就因緣際會認識了好幾位粉絲數超過十萬的「小」網紅朋友。從他們身上，我得以近距離觀察並學習到各種截然不同的帳號發展策略與經營手法。雖然這些「小」網紅們專注的主題、採用的技巧五花八門，看似沒有什麼共通的成功模式，但我卻敏銳地觀察到了一個驚人的共同點，那就是他們幾乎都能夠定期產出某些影片內容，吸引到遠超其粉絲數、極其大量的觀看次數（網路稱之為「爆款影片」或go viral），並且有效地將這些「路過」的觀眾轉化為忠實的粉絲。

難道這就是他們能夠脫穎而出、持續成長的關鍵祕訣嗎？看來，是時候深入研究一下「爆款影片」的背後到底是怎麼一回事了！

Chapter 2
Did I just go viral?

這是爆紅嗎？

I'm looking for a man in finance
Trust fund, 6'5", blue eyes
Finance, trust fund, 6'5"
~@girl_on_couch

爆紅

二〇二四年四月，二十六歲的美國女孩梅根將自己一段十九秒的清唱影片上傳到她的TikTok帳號。歌詞圍繞著現代女孩可能有些不太切實際的擇偶標準：從事金融業、有信託基金（我們所謂的富二代）、身高一八五公分、藍眼睛。三個禮拜後，這支短影音吸引了兩千六百萬人觀看，並在其他平台上被瘋傳、應用與混音重製。其中由知名ＤＪ混音的版本更在美國、波蘭、瑞典與紐西蘭等市場獲得佳績。隨後，梅根辭去了業務工作並與唱片公司簽約。

Going viral的概念是從病毒式行銷（viral marketing）發展而來的。這是一種行銷策略，旨在透過網路管道，以低成本在極短時間內讓訊息高速傳播，同時創造附加價值，從而達成高成本效益的目標。病毒式行銷的一個經典案例是二〇一四年為漸凍人症患者募款的「冰桶挑戰」。參與者需在二十四小時內捐款一百美元（後來降至十美元），或將一桶冰水淋在自己頭上，並將過程錄製後上傳至社群媒體。該活動吸引了比爾·蓋茲、馬克·祖克伯以及多位名人參與，在全球迅速走紅，成為空前成功的公益行銷活動。

有些人將go viral翻譯為「爆紅」，但我對這個翻譯並不特別喜歡。不過，老實說，我也一時想不出更貼切的替代詞。無論怎麼翻譯，這都是每個大小網紅所追求的「聖杯」。對小網紅和微網紅來說，一支影片爆紅可能帶來粉絲數的爆炸性成長、知名度提升，甚至讓他們成為話題中心。對於大網紅而言，爆紅的意義則在於進一步擴大影響力、拓展舞台，並獲取更多商業利益。

有趣的是，並沒有一個公認的標準來界定多少觀看數才算是爆紅。有人認為要超過百萬次才算，有人則覺得幾千次就足夠了。還記得曾有學生在課堂上自豪地分享，他的短影音爆紅了。結果一看，觀看次數大約是五千。若以此為標準，那我帳號上幾乎一半的影片都能算是爆紅了！但在我看來，或許達到五十萬次觀看才勉強沾得上「爆紅」的邊。若想成為擁有眾多粉絲的「網紅」，勢必得具備定期產出這類爆紅影片的能力。那第一步，就是研究朋友當中那些定期會爆紅的人是如何辦到的。

「偽」富家女羅娜

在追求爆紅的過程中，我結識了一些特別的朋友，他們的帳號風格各有千秋，但常常能夠成功產出觀看人次上百萬甚至千萬的爆紅短影音。其中來自曼徹斯特的女孩羅娜給我留下了深刻印象。她擅長透過奢華場景與服飾打造「名媛」形象，帳號風格既吸引人，又在（後來的）危機處理上展現出獨特的智慧，讓我學到了不少。

羅娜的帳號最初吸引我的，是她那只愛馬仕凱莉包與Rimowa銀色金屬登機箱。接著，是影片中經常展示的精緻生活風格，以及一口漂亮的口音。但她真正令人佩服之處在於，即使頻繁展現奢華生活，卻總能拿捏得恰到好處，不至於引人反感或厭煩。這樣的平衡顯然極具吸引力，為她贏得了眾多粉絲（包括我在內），影片觀看次數也動輒突破百萬。關注她沒多久，我便收到了她的追蹤關注。更令人驚喜的是，每當我發布新的餐廳探店貼文時，她還會主動私訊詢問是否值得推薦。正是這種親和力讓她更添魅力，也加深了我對她的好感。

為什麼羅娜的貼文經常展現奢華消費，卻不會引發反感呢？依我觀察，主要原因之一在於她會不定期地與三五好友一同入鏡，讓內容顯得更有親近感。相較之下，許多想成為微網紅的女孩在經營帳號時，往往選擇以自己為主角，顯得過於自我中心。羅娜的做法卻讓粉絲感覺到她的真實和自然——既是位「名媛」，又是一個有血有肉的年輕人。

有一天，羅娜發布了一則短影音，畫面中她正準備坐上最新款麥拉倫（McLaren）跑車的駕駛座。美女與跑車的組合向來吸睛，影片的觀看數迅速飆升。然而，沒想到她的一位高中同學跳出來爆料，指責羅娜並非什麼真正的「名媛」，連她那優雅的口音都是刻意模仿出來的。這位同學聲稱，羅娜其實是來自藍領家庭的普通英格蘭鄉下女孩，根本沒有念過昂貴的私立寄宿學校，只有大學後搬到倫敦，便開始有些自視甚高，試圖塑造高人一等的形象。無論在哪裡，「裝」，尤其是裝「高檔」都是頗為傷人的指控，但在英國社會恐怕更是近乎致命的社交打擊，畢竟這裡隱形的階級意識依舊深厚。這樣的指控無疑為羅娜精心經營的網路形象與人設投下了一道陰影。

正當粉絲們因為這場爭議分成兩派爭執不休時，羅娜迅速發布了一則短影音。她並沒有直接反駁同學的指控，只是坦率地表示自己從來沒有說過有念私立寄宿高中。自己也確實不是來自所謂的上流社會，也從未聲稱自己是名媛（socialite）——她只是在「扮演」一個她嚮往的角色。至於影片中展示的奢侈品，她承認只有少數是自己的，其餘大部分物品是由品牌方提供或是向朋友借的。至於那台跑車，她表示是向朋友借來拍照的，理由是，如果未來麥拉倫注意到這些照片，或許會考慮找她合作代言或提供試駕機會。這樣的解釋確實也有一定的道理。羅娜這種快刀斬亂麻的處理方式，雖然讓她失去了一部分原以為她是名門千金的粉絲，但絕大多數人其實並不在意。畢竟，哪個平凡人不想偶爾體驗一下精緻的生活呢？甚至還有不少粉絲因為她的坦率而對她更加欣賞，將她視為勇敢追求夢想的榜樣。這也是英國社會所讚揚的人格特質之一。

她這番合情合理的回應大致上說服了我，並將劣勢轉為優勢。不過，某些產品與活動實在不像是廠商會輕易免費提供的，例如搭乘遊艇度假，或出入會員制的度假村等高檔活動。即便有廠商願意提供邀約，通常也不會如此頻繁地邀請同一位網紅。後來在閒聊中我才得知，與羅娜經常一起出鏡的三五好友中，其中有一位不僅是富二代，還是富了好幾代的家族成員。他的名字叫大衛，他才是真正的富家子弟。

根據羅娜的說法，大衛對他們這群大學同學非常大方。冬天的滑雪行程、夏天的遊艇派對以及其間的周末假期，幾乎全都得益於大衛家的資源。同行的朋友只需負擔各自的旅費及餐費，並意思性地分攤一些水電和燃油等雜費。除了盡情狂歡與敘舊，這些聚會也成為他們錄製社群媒體內容的絕佳機會。無論是奢華派對還是壯麗景色，拍下的影片與照片常常成為吸睛的素材。這也解釋了羅娜ＩＧ上那些精緻奢華活動的背後故事。

「倫敦三件套」

如果你不是富二代，也沒有富二代的同學，那怎麼辦呢？別擔心，如果你住在像紐約、巴黎、倫敦或米蘭這樣的國際大都會，你還有另一個可以嘗試定期爆紅的方式。在社群媒體上，有些人專注於重複分享同樣的景點或地標。別小看他們的策略，運用得當，他們的影片可能比其他創作者更容易爆紅。萊拉就是這樣一位微網紅。她的帳號幾乎清一色只有三種照片：大笨鐘、倫敦塔橋和倫敦眼，我們稱之為「倫敦三件套」。她明明粉絲不算多，卻三天兩頭就有影片超過五十萬觀看，且廠商邀約不斷。

與萊拉的相識起始於她接到的一項特殊邀約：一家奢華巧克力品牌邀請她帶上二十位朋友為新開幕的門市造勢捧場。由於地點恰好離我家不遠，她便找到了我。那時正值十一月，倫敦天氣濕冷，萊拉顯然擔心難以湊齊人數，曾反覆確認出席意願。最終，我不畏風雨赴約，也因此開啟了兩人之間的友誼。

有一次我陪她參加完一場酒商的活動，兩人坐在一旁閒聊。另一名創作者走過來打招呼，用略帶酸意的語氣說：「哦，妳就是那個只拍『倫敦三件套』的萊拉吧！」等那人走遠後，我順勢問起了萊拉的故事，才漸漸了解她的背景與堅持。

萊拉是印度移民的第二代，住在距倫敦火車站約一個多小時車程的萊斯特。她接近三十歲，平日是一家ＩＴ公司的小主管。談起最初接觸「倫敦三件套」的拍攝時，萊拉笑說完全是誤打誤撞地發現它們特別吸睛。但當時的日子並不輕鬆：火車票昂貴，而她又得精打細算，有時只好借住朋友家的沙發，若朋友不方便，就只能當天來回奔波。

幸運的是，「倫敦三件套」不僅吸引了大量目光，還帶來了意想不到的合作機會。當她的粉絲數還不到三千時，就已經有四星級旅館提供免費住宿和早餐的邀約。如今，她每個週六搭火車進倫敦，白天就反覆拍攝大笨鐘、塔橋和倫敦眼，從不同角度，搭配各種濾鏡精心創作；晚上則幫提供免費住宿的旅館拍攝影片與照片。到了星期天下午，她回到萊斯特整理素材，並在接下來一週的工作日下班後，陸續發布這些內容。這樣的堅持不僅讓萊拉穩步累積粉絲，還為她贏得了一批忠實的觀眾與合作機會。

萊拉說，自從有了這個帳號與隨之而來的邀約與業配，她終於能經常帶著節儉的媽媽來倫敦體驗生活。身為印度移民的第一代，她的媽媽年輕時一邊經營雜貨店，一邊撫養孩子，幾乎沒有真正享受過生活。現在有了這樣的機會，萊拉總是盡量帶著媽媽同行。回想起之前在巧克力店時，看到那位與整個場合略顯格格不入的長者，原來就是她的媽媽。不得不說，萊拉真是一位孝順的年輕人。此外，對於有人取笑她專拍「倫敦三件套」這件事，萊拉也有自己的看法。她說：「大笨鐘、塔橋和倫敦眼就擺在那裡，任何人都可以去拍。如果這真的那麼簡單，那為什麼不是每個人都成為網紅呢？再說了，那人有什麼資格批評我？他不過就是多拍了些白金漢宮以及皮卡地利圓環（Piccadilly Circus）罷了。」

當然，「倫敦三件套」不一定非得是大笨鐘、塔橋和倫敦眼，也有朋友專注於拍攝聖保羅大教堂、特拉法加廣場與白金漢宮。這種模式也不限於倫敦，只要是觀光客絡繹不絕的城市都能複製這套策略，所以巴黎、上海、羅馬或紐約都同樣適用。這些微網紅精準掌握了演算法的邏輯，知道它會將內容推送給潛在的觀光客，而事實證明，他們的計算是正確的。

另闢蹊徑的爆紅方法

如果你不是富二代、沒有富二代的朋友，也不想只是反覆拍攝那些早已人盡皆知的地標，那還有什麼辦法能讓內容爆紅呢？展現才藝會是一個不錯的選擇。例如，一些音樂家在ＩＧ上的表演經常吸引上百萬次觀看。但前提是——你得真有點本事，才能讓人願意停下來觀看。搞笑、出糗也是一種途徑，畢竟幽默內容總是容易吸引關注。但如果你的「恥力」不足呢？或許有人會想到，穿得清涼一點、展露身材似乎也能增加曝光。但我的觀察是，這雖然可能有效，卻並不一定是條輕鬆的路。這類內容的市場已經相當飽和，而且還伴隨著被檢舉或限流的風險。

也有人會為了博取關注而做出危險或有爭議的行為，這往往是一把雙面刃。英國先前就有青少年在購物中心丟椅子而差點傷人，或在街上狂丟機車騎士雞蛋，這些瘋狂行為都是為了拍攝出爆紅的短影音。米雪兒就是一個例子。有一次她在拍攝甜點時，男友故意來搗亂，惹得她火大，竟然在把男朋友手撥開時不小心把蛋糕拍扁。這恰好被錄下的一幕上傳後瞬間爆紅。嚐到甜頭後的她，便開始刻意透過「砸扁」食物來搏眼球。然而，這種過於刻意安排的橋段除了短暫吸睛之外效果有限，也難以真正將觀眾轉化為忠實粉絲。更重要的是，這種浪費食物的行為頻頻引發網友批評，使她難以建立良好聲譽，更別提有餐廳願意邀請她試吃了。

追隨熱門影集的腳步

不知道是幸運還是不幸，我算是相當早就嚐到爆紅帶來的甜美滋味。二〇二〇年底，Netflix推出了新劇《柏捷頓家族：名門韻事》（Bridgerton）。這部設定在英國攝政時期，卻打破種族藩籬的浪漫古裝劇瞬間風靡全球。到了二〇二二年三月，《柏捷頓家族》第二季上映，熱潮不減反增。而我的第一支爆紅影片正是當年三月造訪拍攝地雷斯特花園（Wrest Park）時錄製的。劇中百花盛開的花園、氣派非凡的大廳，以及奢華的樓梯場景，都取景自雷斯特花園。

這支十秒左右的影片本身其實非常簡單——穿著復古服飾的我，手持一把慈善二手店買的古典白陽傘，漫步在剛種上新鬱金香的花園小徑上，背景音樂則是《柏捷頓家族》的開場主題曲。沒有什麼濾鏡或特效。當時把影片上傳到ＩＧ時，我並沒有抱著什麼特殊期待。沒想到，幾小時後回到家查看，竟然已經有超過五萬人觀看！

隔天早上醒來，觀看數突破了三十萬。不僅如此，影片獲得了無數好評和多次轉發，還一下子為帳號帶來了近百位新粉絲。到了第三天，這支影片的觀看數已經累積到七十五萬，且完全沒有停下來的趨勢。直到第五天，數字衝到了九十萬才開始緩慢下滑。最後這支影片的總觀看數停在了九十四萬四千人次，與百萬僅差一步之遙。它幫我吸引到兩千多名粉絲，這是幸運的部分。不幸的部分則是這次經驗再次讓我以為成為

「微」網紅很容易。

為了打鐵趁熱，我立刻趕往格林威治公園（Greenwich Park）和老皇家海軍學院（Old Royal Naval College）拍攝影片。格林威治公園是劇中柏捷頓家族豪宅的部分取景地，而老皇家海軍學院則是許多街景的拍攝場景。我將這兩個地點的素材與之前花園的影片結合，製作成一支全新的柏捷頓家族拍攝場景介紹短片。正如我預料的，這支影片很快也衝破了三十五萬觀看人次，但相比之前的九十四萬仍有不小的差距。

縱使競爭激烈，但只要保持一定的製作品質，搭熱門電影或電視劇話題的短影音確實很吸睛。不過這類影片的缺點也很明顯——一旦熱潮退去，觀看數據便會立刻停滯。此外，如果錯過了首播後幾週的黃金發片時段，影片就很難在眾多競爭者中脫穎而出。

除了嘗試跟風熱門電影和電視劇，我也試過拍攝「倫敦三件套」。不過，與萊拉等人將焦點直接放在地標不同，我某次因緣際會地做了一些改良。某天晚上，我前往倫敦知名地標碎片塔（The Shard）的高樓層用餐時，驚喜地發現著名的塔橋竟然近在眼前。當時正值冬季，塔橋在夜晚的燈飾映襯下顯得格外迷人。這簡直是親身實驗其吸引力的絕佳時機！我迅速錄了一支短片，透過玻璃俯瞰倫敦市區、泰晤士河以及燈火閃耀的塔橋。影片上傳後，僅一晚就吸引了超過十萬人觀看，幾天內更接近五十萬次觀看。這樣的成長速度著實令人驚喜。

除了大量的觀看數之外，這支影片還帶來了意外的驚喜——竟有兩千五百名觀眾在看過影片後成為了我的粉絲。這實在是非常難得，因為觀看數的高低並不一定與粉絲成長成正比。許多人只是看過影片便滑過，很少真正按下追蹤。這或許也解釋了，為何萊拉的影片經常爆紅，粉絲數卻僅略高於我一些。縱然「倫敦三件套」策略確實非常有效，但要像萊拉她們那樣持之以恆地執行，並達到同等的攝影水準，對當時的我而言確實是一大挑戰。不過，我在觀察中也發現，倫敦的雙層巴士、紅電話亭和黑色計程車這些標誌性元素，同樣是吸引觀眾目光的絕佳素材。更關鍵的是，這些元素在市中心隨處可見，運用起來遠比前者方便得多。

搭上節慶的列車

最後，除了上述主題外，季節限定的主題也有機會迅速爆紅，尤其是當你將其與著名地標結合時。情人節就是一個極具吸引力的時機。在二〇二二年情人節，我推薦了五家適合情侶約會的酒吧。由於平時喜愛在五星級飯店流連或探訪，我積累了不少這方面的素材，像是倫敦麗思飯店（The Ritz London）的Rivoli酒吧、多切斯特飯店（The

Dorchester）的Vesper酒吧，以及康諾特飯店（The Connaught）的酒吧等。只需要呈現出每家酒吧獨特的氛圍與精緻裝潢，再搭配浪漫的音樂、璀璨的燈光和美麗的雞尾酒等元素，就能營造出與心愛的人共享美好時光的浪漫氛圍。此外，敘述裡還特別強調這些酒吧非常適合打卡，讓人能夠留下美麗的回憶。這則短影音的觀看次數很快突破了五十萬人次，且每年情人節前夕都會迎來新一波成長！

另一個吸引粉絲並實現爆紅的黃金時機非聖誕節莫屬。相較於情人節，聖誕節的參與度更高，涵蓋了多個不同文化和年齡層的觀眾群體。更特別的是，由於東正教的聖誕節在一月七日，每年從十一月初開始到隔年一月，觀眾們會持續尋找與聖誕節相關的內容，讓這段期間成為網紅們競爭最激烈的一級戰場。

在二〇二二年底，下班途中經過了名牌精品店林立的攝政街，我不經意錄下了聖誕節的裝飾，隨手選了一個聖誕音樂，沒想到幾小時內就吸引了五十萬人看。因為如此，我想趁勝追擊再創作一支聖誕裝飾相關的短影音，捕捉了倫敦著名景點如牛津街、龐德街、攝政街和哈洛德百貨的節日氛圍。影片中融入了璀璨的聖誕燈飾、巨大的聖誕樹，以及街角充滿節慶氛圍的裝飾。為了增強影片的吸引力，我特意使用了明快的鏡頭切換節奏，搭配大家耳熟能詳的輕快聖誕歌曲。這支影片一經發布，短短幾天內觀看人次便突破五十萬，隨後觀看熱潮延續到隔年一月東正教聖誕節結束時，總觀看人次已累積至八十五萬。

這次經驗深化了我對季節性內容潛力的認識。觀察顯示，節慶主題確實能有效吸引大眾目光，而粉絲們似乎也對多場景切換的影片形式格外感興趣。這一洞察後來成為了短影音創作的重要方向之一。然而，在深入探討近期的創作策略之前，或許更值得先回顧那段全身心投入ＩＧ經營的瘋狂歲月——當中交織著險些被騙財騙色，甚至數度進出醫院的真實經歷。

Chapter 3
Instagram addiction & online scams

IG成癮與網路詐騙

只有兩個行業稱其顧客為「使用者」：毒品和軟體業。

薛西弗斯症候群

二〇二一年的夏天，我開始很認真地經營ＩＧ。腦中常常想的是什麼主題不錯，還有放假時要去哪裡拍影片。到了年底，粉絲人數便超過了三千人。接著在二〇二二年春天，《柏捷頓家族：名門韻事》第二季上映。我為此製作的相關短影音爆紅——一方面是成功吸引到九十四萬人觀看所帶來的自豪感，另一方面則是與百萬觀看擦肩而過的失落感。我於是決定要更加努力，創作出下一支破百萬觀看的影片，並在夏天結束前達成一萬個粉絲的目標。這應該不難吧？至少當時我是這麼想的。

幾年前有一部好萊塢喜劇片，片名已不記得了，但其中有一段劇情讓人印象深刻：主角在搭乘Uber時，意外發現自己的評價居然不是滿分。為了挽回分數，他開始頻繁地四處搭車，並在每次搭乘過程中竭盡全力討好司機，結果卻適得其反，評分不但沒有提升，反而越來越低。像極了我接下來半年的模樣。

起初，我聽說早上八點是發文的黃金時段，於是鬧鐘便定在那個時刻，只為準時發文（那個時候還沒有預設發文時間的功能）。後來又有說法稱下午五點到六點是眾人等待下班、滑手機的高峰期，最適合上傳短影音。於是，週一到週五的發布節奏就此固定：早上八點貼文，下午五點短影音。一旦ＩＧ提示某個背景音樂正在流行，我便會立刻跟風套用，絲毫不考慮貼文或短影音的內容是否真的搭配。有人說影片的最佳長度是十五秒，我產出的內容就盡量控制在十五秒。風向一變，又聽說三到五秒才是最理想的——據說影片越短，完看率越高，演算法才會更青睞。於是，影片又紛紛被剪成了三到五秒的長度。類似這樣追著建議跑、缺乏策略思考的「謎之操作」簡直數不勝數。其中的問題在哪，現在看來或許顯而易見，但在當時，身在局中的我卻是渾然不覺，正應了那句老話：旁觀者清，當局者迷。

然而無論我付出多少努力，影片觀看數始終在五千次的門檻前徘徊，難以突破。這情景與希臘神話中的薛西弗斯何其相似：日復一日推著巨石上山，卻總在登頂前功虧一簣，奮力掙扎似乎只換來原地踏步。後台數據更令人沮喪：不僅互動率持續下滑，連重點經營的OOTD（每日穿搭）內容也成效最差，目標鎖定的西歐用戶群更是反應冷淡。

我日常的休閒時間幾乎都耗費在研究其他成功帳號的經營之道，絞盡腦汁思考隔日的拍攝地點與影片主題，投入的心力甚至遠超當年攻讀博士、爭取升等之時。尤其看到那些同期加入互助群組的帳號，粉絲數早已破萬，焦慮感更是與日俱增。隨之而來的，便是日以繼夜地拆解分析他們的一舉一動，從內容形式到發布策略，不放過任何蛛絲馬跡。

IG上癮

我日益專注於IG的情況引發了老公的擔憂。他覺得我投入的時間似乎過多，擔心會因此忽略工作和休閒。然而，那段時間適逢新冠疫情，我們都在家遠距工作與教學，學校對研究發表的要求也暫時沒有那麼緊迫盯人，因此經營社群媒體對本職工作並未造成顯著影響。生活上亦然：封城期間活動範圍有限；解封後也因擔憂風險而避免人群聚集。整體而言，個人時間相當彈性充裕。他也擔心我過於在意社群媒體上的反應。但對當時的我而言，這份擔憂更像是種牽絆，帶來不被理解的感受。

某天，老公大概實在看不慣我整天拿著手機研究IG的狀態，便問及平均每天投入的時間。或許是心虛作祟，我竟一時惱羞成怒。幾週後，在英國生活的弟弟一家來訪過節。從小一起長大的他不像老公那樣容易打發，聽聞這段惱羞成怒的插曲後，他直接半開玩笑地提議打開手機，實際看看每天究竟耗費多少時間在ＩＧ上。

在他堅持下，我只好打開手機查看。結果令人震驚：每天單單耗在ＩＧ上的時間竟然就高達五個半小時！若以每日工作八小時換算，這意味著每週投入ＩＧ的時間（三十八．五小時）已超過教授合約規定的每週三十五小時工時。持續一年，相當於有整整八十三．五天的時間都沉浸在ＩＧ中，而這還未計入使用臉書等其他社群平台，或瀏覽網路內容的時間。

根據相關研究報告[6]，人們每天平均花一百五十一分鐘在社群媒體上，換算下來，一年約有三十六天都在使用社群媒體。我比這個平均數高了一倍多。另一個報告顯示，每人每天平均花三十三分鐘在ＩＧ上，而我則是它的整整十倍。這算是網路上癮了嗎？

某天，我悄悄上網搜尋了關於網路成癮的相關資料。這才發現，原來早在二〇〇五年，醫學界便已提出九大指標，諸如無法控制上網衝動、腦中無時無刻不想著網路上的

6 Kemp, S. (2023). Digital 2023 deep-dive: how much time do we spend on social media. Retrieved January 9th 2025 from Datareportal's website: https://datareportal.com/reports/digital-2023-deep-dive-time-spent-on-social-media

事等等。標準是符合六項以上即可診斷；比對之下，我竟然九項全中。

然而，若在當時被問及是否成癮，內心的聲音大概會是：「開玩笑！那不是青少年才會有的問題嗎？這只是暫時的瓶頸罷了。」

而且我會告訴你，我並不是唯一遇到這種「瓶頸期」的人。有幾個從互助組時期就認識的夥伴也或多或少陷入了類似的困境，創意枯竭便是其中一個大問題——相似主題的內容究竟能拍多久？這很難說。有些人每天只拍倫敦的地標大笨鐘，也能累積十萬多粉絲；但有些人絞盡腦汁想出的題材，觀眾可能兩三天就看膩了。如果你不幸屬於後者，那就不得不嘗試開發其他主題。然而，轉換題材也伴隨著不小的風險。就像我有一陣子改做旅遊相關的短影音，結果粉絲成長完全停滯。追蹤Canninglondon的人似乎只對與倫敦相關的內容感興趣。

此外，演算法的變化似乎也讓人頭痛。儘管無法完全證實[7]，但社群媒體平台通常都有所謂的「新手紅利」或「新用戶推廣加成」期。演算法會在一定時間內優先推廣新手帳號的貼文與短影音，讓他們獲得較多的曝光和成就感，從而激勵他們繼續使用。然而，像我們這些已運營超過半年的帳號，似乎已經失去了這樣的「紅利」，被打回了原形。

撇開演算法與創意枯竭不談，假如你將「網紅」當作一個副業來經營，那需要極高的自律性。因為在上班前或下班後，當別人休息和娛樂時，你卻得繼續工作。如果把「網紅」視為主業，那壓力與孤獨感更是難以言喻。在這種巨大的壓力與孤獨感下，判斷力也可能下降，使得網路成了詐騙伺機而動的溫床。

騙財騙色

從開始經營ＩＧ到今天已超過五年了。這過程中想騙財騙色的從來沒少過，但我唯一差點上當的一次，正是在「瓶頸期」這個階段。

有一天，ＩＧ上收到一則私訊，標題寫著「與奢華首飾的合作機會」。這類訊息過往通常會被我直接忽略，但當時正值極力尋求突破的階段，便點開了它。發訊人自稱品牌經理，表示他們正推廣一個全新珠寶品牌。由於公司剛起步，行銷預算有限，因此希望藉由影響者的力量宣傳。若對此有興趣，便可上其網站挑選三組首飾，使用信中提供

7 約會網站Tinder有明確的曝光加速系統（Tinder boost）。金卡與白金卡會員每個月可免費使用加速器一次。使用後的三十分鐘內你的資料曝光率可增加十倍。

的ＶＩＰ密碼即可免費領取。唯一的要求是需要發布三則限時動態，兩組貼文，或兩支短影音。聽起來是個完全不困難且合理的要求。

我心想著，在手機上瀏覽一下應無大礙，若覺得可疑再關掉便是。點進網站後，立刻被其精美的設計所吸引。整個頁面製作得相當用心，看起來完全不像詐騙網站。好奇地點進產品頁面，發現其中的項鍊、耳環、手鐲，價格落在一百至五百英鎊之間（約新台幣四千至兩萬元）。每一件飾品都散發著奢華光芒，讓人很難不心動。

為進一步確認這是否真為詐騙，我決定做一項測試：挑選三樣產品放入購物車。結帳時輸入ＶＩＰ密碼後，原本總價七百多英鎊的飾品竟瞬間歸零。按捺住內心的興奮，回訊給這位「品牌經理」，表示三組首飾太少，希望能有六組。經過一番討價還價，對方最終答應再提供一個ＶＩＰ密碼，但特別強調此事絕不能讓其他網紅知曉，並要求務必發文協助宣傳。這整個過程營造出一種虛幻的感覺——彷彿自己真成了什麼重要人物。

挑選了六樣首飾放入購物車，結帳時輸入密碼果然再次免費。然而，進到下一頁面、填妥寄送資訊後，郵資與包裝費的數字赫然出現：竟要價五十英鎊（約新台幣兩千元）！以如此小巧的首飾而言，這價格實在高得離譜。連忙聯繫那位「品牌經理」，想確認是否有所誤會。結果對方搬出了一堆理由來解釋為何郵資如此高昂。

此時我開始感覺有些不對勁，決定暫緩行動，靜觀其變。果不其然，幾天後陸續傳出一些「災情」。有人支付了郵資，雖然確實收到了產品，但實物質感與網站上精美的照片有天壤之別。我特地去找了烏克蘭女孩蘇菲亞，想親眼驗證她收到的飾品。沒錯，她也付了郵資。但是把那副耳環和戒指拿在手中細看，才發現其做工粗糙得令人難以置信，根本就是廉價劣質品。設想當初若是花了五十鎊郵資買回這些「垃圾」，我恐怕真的會當場欲哭無淚吧。

華麗精緻的網站、吸引人的商品、VIP般的待遇、看似負擔得起的郵資，再加上一個渴望被看見、渴望突破的創作者——這就是一場騙局的完美公式。

至於騙色，套路也大同小異。通常是自稱某網紅經紀公司的人發來私訊，盛讚帳號潛力十足，並探詢簽約成為其專屬網紅的意願。他們聲稱可提供訓練、免費產品試用，以及安排出席活動的機會。

有了先前差點受騙的經驗，這次我的頭腦清醒了不少。但出於好奇，還是決定將計就計，看看這騙局究竟如何鋪展。起初，先是表達了一些疑慮，同時也微妙地流露出一絲興趣。對方立刻抛出誘餌：經紀公司的網站連結。點進去一看，內容相當齊全：公司資訊、聯絡方式、價目表、合作品牌等一應俱全。更吸引人的是網頁上多位外型亮眼的「成功案例」現身說法，分享公司如何助其達成財務獨立、實現夢想、走向成功……即便明知可能是詐騙，這套看似「完善的流程」鋪陳得確實頗為誘人，看得連我都有些心動了。

於是繼續向這位「經紀人」追問，如何才能加入這個看似成功的「大家庭」。對方表示，只需支付兩百五十英鎊（約新台幣一萬元），即可獲得訓練課程、三套服裝，並獲安排參加三場活動。我佯裝頗感興趣，接著詢問有哪些服裝款式可供挑選。

這位「經紀人」接著便建議，先傳幾張全身自拍照至公司信箱，以便讓他們的「專業服裝設計師」協助搭配。他一邊保證這些衣服絕對合適，一邊又巧妙暗示，除了提供三圍，最好能附上一些展現好身材的照片，聲稱這樣尺寸才會更準確外，也能安排到更多更優質的活動。當我表示有點遲疑時，對方立刻安撫道，若不放心，只寄生活照也無妨，但這樣衣服有可能會不合身，也可能會導致沒辦法去參加最優質的活動。對方講得頭頭是道，然而我腦中的警報器已響個不停。

倘若有涉世未深的女孩輕信此番說詞並照做，輕則損失那兩百五十英鎊，嚴重的是私密照片可能落入對方手中，成為日後勒索的把柄。新聞中便曾報導過類似案例，有年輕女孩因此不堪其擾或壓力而選擇了輕生。思及此，我便毫不猶豫地立刻舉報了該「經紀人」帳號，並將其澈底封鎖。

阿姨年輕的時候，西門町也常有些自稱「星探」或「經紀人」的人出沒，專挑懷有明星夢的少男少女下手，誘騙他們繳錢拍所謂的「模特卡」或宣傳照，說是能推薦給電影或模特兒公司。運氣好的頂多損失幾千元，運氣不好的則人財兩失。看來，這種騙術的核心手法真是歷久不衰啊！

當然，市面上確實存在許多合法經營、信譽良好的網紅經紀公司，很多業配或合作機會也的確能創造雙贏。但問題是，當人被興奮或成功的憧憬沖昏頭時，往往很難冷靜地辨別真偽。這些判斷能力與自我保護的知識，往往是學校課本裡學不到、老師也不太會教的。原因很簡單，因為大部分老師們對於這個新興領域可能也相當陌生，就像投入社群經營之前的我一樣。

那些因IG而瘋狂的女孩

即便幸運避開了網路詐騙與騙色的陷阱，「微」網紅們往往還得面對源於自身的巨大精神壓力，尤其是在遭遇創作瓶頸或自我懷疑的時期。瑪雅的故事便揭示了社群網路可能帶來的某些負面影響。

「在和客戶應酬談生意時，我開了一瓶價值兩百五十鎊的紅酒，還請服務生在義大利麵上刨了超過一百鎊的黑松露（分別約合新台幣一萬與四千）。隔天，老闆就把我叫進辦公室，警告說下次再這樣就不給報帳了。也許我真的不該那麼在意IG了吧。」

瑪雅是在英國出生長大的第三代巴基斯坦移民，年紀與我相仿，是一位成熟且充滿魅力的女性。她不僅是獨立撫養四個孩子的單親媽媽，同時也是一位業績相當不錯的房地產仲介。她當初開始經營IG，主要是希望能跟上孩子們的腳步、保持聯繫，不要與他們的世界脫節。

我們在IG上相識時，彼此的粉絲數都還只有一千出頭。隨著互動日漸頻繁，我們發現了共同的愛好：都喜歡到高級餐廳犒賞自己並分享用餐體驗，因此很快就熟絡起來。不久後，瑪雅便邀請我一起喝下午茶，還興致勃勃地提議可以互相幫忙拍些「網美照」。

第一次見面是在倫敦攝政街上的一間咖啡廳。我們聊得十分投契，交換了更多經營社群媒體的心得，也分享了不少倫敦值得探訪的餐廳。儘管許多方面志同道合，但有一個核心觀點我們始終無法達成共識：如果目標是成為網紅或內容創作者，IG頁面究竟該放「觀眾愛看的內容」還是「自己喜歡的內容」？會有這個爭論點，主要是因為她特別偏愛發自己的正面大頭近照，而我恰恰相反，從不發這類照片。

她的口頭禪是：「我們又不醜，都有自己的專業，幹嘛不自信一點，讓大家看見我們真實的樣子？」而我的看法則是，想增加粉絲，關鍵在於找出「他們」想看的內容——而那幾乎可以肯定不會是阿姨的大頭照。

雖然討論沒能達成共識，但在那之後的一段時間裡，我們還是會不定期見面。一部分是因為我們都有相對彈性的時間，另一部分或許更是因為彼此都是年齡相仿、同在倫敦打拚的亞裔職業女性，有種不言而喻的連結。

然而，我逐漸注意到兩件事：第一，她的粉絲數似乎停滯不前，這對於持續經營帳號的人來說有點反常；第二，她酒越喝越多，從最初的小酌，到後來的一大杯甚至兩大杯。儘管我偶爾會拿這事開開玩笑，卻也沒太往心裡去。畢竟，和美國人白天飲酒的拘謹相比，英國人對此確實隨性許多。（記得剛搬到英國時申請壽險，問卷上問及每週飲酒量，我老公填了「兩到三杯」便順利通過；我誠實填寫「不喝酒」，反而接到業務員的關切電話，再三確認是否填錯或有健康因素。）這樣的文化背景，讓我當時並未對她的飲酒量產生警覺。

直到有一次聚會，她反常地點了茶。我忍不住好奇問起，她才有些尷尬地透露，前些日子在一次重要的客戶餐會上喝多了失態。她接著說：「或許是因為粉絲數一直沒起色，看妳的數字卻不斷上升，壓力不知不覺就大了，喝酒也就越來越沒節制。」語氣帶著幾分玩笑，但我一時之間無法判斷話裡的虛實，也不知該如何回應才好。

那次之後，我們雖然偶爾還會線上問候近況，卻默契地沒再相約見面。或許是我潛意識裡不願面對自己可能無意間成了別人壓力的來源吧。

最近一次無意間看到她的ＩＧ，粉絲數已悄然突破七千大關。我一方面替她高興，總算突破了瓶頸，但細看頁面，卻發現她個人的近照少了許多，取而代之的是不少過去她曾嗤之以鼻，卻深受遊客喜愛的「倫敦三件套」——塔橋、大笨鐘與倫敦眼。我不禁莞爾，是誰當初信誓旦旦地說不屑放這些「芭樂景點」的呢？

至於我呢？依舊沒打算在版面上放正面照。但也學會偶爾分享一些自己喜歡的旅遊素材，儘管這些內容似乎不被演算法眷顧。

很遺憾的是，當網路成癮發生時，並非每個人都具備像瑪雅那樣的自省能力與卓越的工作表現能快速找回重心。二〇二二年春天，我在北倫敦的富人區漢普斯特德（Hampstead）邊逛街邊為內容取材時，突然被一位身穿藍色連身洋裝的年輕女孩攔下。

她自我介紹名叫珍妮，說自己正在經營ＩＧ，因為很欣賞我的穿搭，想來個簡短的採訪。

我當下其實有些猶豫——這樣一來，阿姨的臉不就會出現在社群媒體上了嗎？但轉念一想，社群媒體的本質不就是鼓勵互動交流（be sociable）嗎？出於好奇與新鮮感，最終還是答應了她的請求。

珍妮先是問了些時尚相關的問題，像是外套在哪買的、有沒有推薦的逛街地點，以及分享一些穿搭小技巧等等。接著又聊到了化妝與濾鏡使用的相關話題。訪談尾聲，我們還簡短交流了關於容貌焦慮、身材焦慮，以及社會對女性期待等看法。簡短的訪談結束後，我們便互道再見，各自繼續原定的行程。

沒想到隔天，當我在北倫敦另一個高檔社區散步時，竟然又遇見了珍妮。她笑著解釋說，自己絕對不是跟蹤狂。這巧合實在太不可思議，我們索性找了家咖啡廳坐下來好好聊聊。

珍妮今年三十歲，來自埃及，是一位有兩個孩子的全職媽媽。從交談中得知，她的先生工作看來不錯，但極為忙碌。孩子們上學後，珍妮便想藉由經營ＩＧ來認識更多朋友。聽起來頗像是許多移民家庭主婦的生活縮影——努力在家庭與自我之間尋求平衡，同時也渴望建立新的社交連結與歸屬感。

喝完咖啡回家後，我點開了珍妮的ＩＧ頁面，想看看她的內容主題。原來她專注於街頭訪談形式，多數提問都圍繞著女性相關議題。所謂街頭訪談便是隨機在街上向路人提問、收集看法，這種形式簡單直接，頗能吸引觀眾。

有些知名網紅也專攻此道，例如擁有兩百七十萬粉絲的 itsdanielmac。他以在街頭隨機攔下豪華轎車或跑車車主，問一句招牌問題「你是做什麼維生的？」（What do you do for a living?）而聲名大噪。就連奧斯卡影后海倫・米蘭女爵（Dame Helen Mirren）與一級方程式七冠王路易斯・漢密爾頓爵士（Sir Lewis Hamilton）都曾在倫敦街頭被他用這種方式訪問過。

幾天後，珍妮傳訊息來說上次的對談影片已經上傳了，請我去看看，順便給點回饋。看完後，我老實說並沒有太多特別的想法——並非影片拍得好或不好，而是內容本身沒有特別觸動我。這顯然不是她期待的回應，但她也沒多說什麼，只是提議我們再找時間一起喝下午茶，互相幫忙拍照和錄些影片。我雖然口頭答應了，但當時並沒有特別把這件事放在心上。

接下來的一個月，我們偶爾會有一搭沒一搭地互相問候。直到某天，珍妮興奮地傳來訊息：「妳看我訪問到誰了！」

點開她的ＩＧ一看，受訪者竟然是大名鼎鼎的奧斯卡影后艾瑪．湯普遜女爵（Dame Emma Thompson）！說來也巧，我和老公先前也在北倫敦遇見過她兩次，但老實說，每次都不好意思上前打擾，總擔心會冒犯到她。所以當珍妮告訴我她不僅成功訪問到還錄下了影片時，我心裡是相當佩服的。

畢竟，無論你是大、中、小、微，還是奈米級的網紅，能在街頭成功訪問到艾瑪．湯普遜女爵，本身就是一項了不起的成就！這支影片雖未到爆紅的程度，但觀看次數相當可觀，也吸引了不少新粉絲，確實為她的帳號帶來了一波不小的關注。

接下來的一段時間裡，可以明顯感受到珍妮渴望複製這次成功，急於尋找下一位明星進行街訪，可惜進展並不順利。許多影帝影后級的人物雖然常住倫敦，但並非人人都樂意在街頭被打擾。隔著手機螢幕，似乎都能感受到珍妮的那份焦慮。

又過了一陣子，珍妮在ＩＧ上問我，是否願意和她一起響應一個名為「無濾鏡」（Unfiltered）的線上活動，還提到許多好萊塢女星也參與了類似的挑戰。濾鏡的使用並非新鮮話題。尤其在彩妝、護膚及美容產品的討論中，普遍的看法是濾鏡與過度修圖的使用應該有所節制與規範。那麼，這個「無濾鏡」活動又是怎麼回事呢？

出於好奇，我稍微研究了一下這個活動，但很快就決定暫不理會。首先撇開那些純粹搞笑或特效性質的內容不談，我平常就幾乎不使用帶有濾鏡效果的APP。其次，界線也很模糊：到底什麼才算真正的「無濾鏡」？雖然我不套用現成濾鏡，但偶爾還是會微調照片的光線、曝光或色調——這樣處理過的影像還能算是百分之百的無濾鏡嗎？

結果珍妮還是決定獨自參加這個「無濾鏡」活動。坦白說，單從照片來看實在看不出什麼明顯差別。她本就容貌姣好，化了妝後是否還用了濾鏡，外人其實很難分辨。毫不意外地，她的粉絲數不僅未見成長，反而開始流失。畢竟多數人既看不出前後差異，似乎也不太想聽她闡述理念。於是她決定「加碼」，試圖展現更徹底的「真實」——也就是直接以素顏示人。

近年來像珍妮佛．嘉納（Jennifer Garner）、珍妮佛．安妮斯頓（Jennifer Aniston），以及寇特妮．考克絲（Courteney Cox）這些備受喜愛的中生代好萊塢女星，都曾以素顏或淡妝的形象現身鏡頭前與社群媒體，以此傳遞自然之美的訊息，並挑戰社會對女性外表的刻板期待。她們的舉動令人敬佩，也贏得了不少掌聲。然而，珍妮似乎沒有體會到「欲速則不達」的道理，更忽略了素顏與「真實」之間並非可以簡單畫上等號。不論是哪個性別，真實都不應僅限於外貌的呈現。她那本就不算多的粉絲數，因為這一連串嘗試，經歷了斷崖式的下滑。

最後珍妮試圖召集幾位在倫敦的女生，想一起以全素顏的形象拍攝內容。然而在我又一次「已讀不回」後，她傳來了一則頗長的訊息，字裡行間充滿了失望與不滿。沒過多久她的帳號就消失了，再也搜尋不到。

偶爾我還是會問自己，當時是否應該給明顯承受著巨大壓力的珍妮更多支持。反覆思索後，或許當時唯一能做的就是更明確地告知她，我對這類型的合作或活動實在不感興趣。然而，這似乎也未必是必須的。再者，我自己當時也正被一些麻煩事所困擾。

Chapter 4

One flew over the cuckoo's nest

飛越杜鵑窩之我好像起笑了……

網路使人上癮，就像是電子古柯鹼。

求醫的奇幻漂流之旅

史上第一個因為沉迷ＩＧ而需要就醫的教授，該不會就是阿姨我本人吧？這話聽起來或許匪夷所思，但確實曾有那麼一瞬間，內心真的升起過懷疑：ＩＧ是否正在悄悄掏空我的靈魂——以及健康？當其他學者為趕論文而通宵達旦，為教學評鑑而焦頭爛額之際，這廂卻在為了捕捉那完美光影的一瞬，反覆糾結著是否該再請服務生端著那杯咖啡從旁走過一次。

既然意識到自己每天平均耗費五個半小時沉浸在社群媒體上，那麼行為模式是否有任何改變呢？答案是：絲毫沒有。夜晚依舊輾轉反側，腦中不停盤算著內容創作的點子與數據成效；白天只要一有空則絞盡腦汁尋覓更吸睛的拍照場景，甚至廢寢忘食地拆解他人是如何讓影片一夕爆紅的。

回想起來，大約在二〇二二年春天，身體偶爾會感覺心跳異常加速。起初並未多想，畢竟這種狀況尚屬偶發。一度懷疑是否與攝取過多咖啡、茶，或是那陣子頗為流行的香料熱紅酒有關——畢竟過往幾乎滴酒不沾。於是當時的對策也只是告訴自己：少喝點就好。

然而心悸的頻率逐漸從大約兩週一次，變成每週一兩次，接著甚至有時一週會出現三到四次，這才真正讓我開始警覺。於是向英國的家庭醫生掛了一個「非緊急」門診號，但由於當時新冠疫情的影響尚未完全消退，加上口頭描述聽起來不夠急迫，醫生並未立刻安排進一步檢查。事後證明，這是一個重大的失誤。

隨著心悸變得越來越頻繁，我的失眠問題也隨之加劇。原本能睡滿七小時，之後逐漸縮短到五小時，最後竟然只剩下三小時左右，而且常常會在半夜被自己劇烈的心跳聲驚醒。

睡不好讓白天總是昏昏沉沉，食慾自然也跟著不振。短短兩個月內，體重就從四十六公斤掉到了四十一公斤，足足少了五公斤。最糟糕的是，因為疫情期間長時間居家隔離，除了我老公外，幾乎沒有人察覺到我身體的這些變化。然而，即便他多次提醒，卻成了耳邊風。

除了身體上的耗損，精神狀態也受到了嚴重影響。首先是揮之不去的容貌焦慮。我討厭當時瘦得皮包骨的自己，倒不是因為看起來不健康，而是純粹覺得那樣在鏡頭上並不好看。回頭翻看那半年的影片，我幾乎沒有一支是正面面對鏡頭的，因為總覺得自己不上相，看起來很醜。接著是注意力嚴重渙散。不論是工作、閱讀，甚至只是和朋友聊天，我都無法真正專心，腦海裡總是盤旋著關於ＩＧ的種種煩惱：「為什麼還沒有一支破百萬觀看的影片？」「到底什麼時候才能達成一萬粉絲的目標？」這些念頭如影隨形，揮之不去。

最後則是易怒與無所不在的焦慮。生活中的一點小事就能輕易引爆情緒，讓我無法控制地對身邊最親近的人發脾氣。而那股焦慮感更是如影隨形，無時無刻不縈繞在心頭，壓得我幾乎無法喘息。

記得某天，老公開了一整個上午的車，耐著性子陪我四處取景拍照，折騰半天，「勉勉強強」拍了兩三百張照片。回到家後，我快速翻看成果，結果沒有一張滿意，頓時忍不住對他破口大罵，抱怨白白浪費了一整個上午寶貴的時間。

結婚十多年，意見不合或偶爾講話大聲點的情況難免，但像那樣完全失控、近乎瘋狂的狀態，卻是破天荒頭一回。他當場愣住了，事後回想，也被當時的自己嚇了一大跳。那麼，這樣的失控場景是否讓我幡然醒悟、有所反省改進呢？答案是並沒有。有了第一次，很快就有了第二次、第三次。終於有一天，他忍不住說：「或許……妳真的應該考慮請個專業攝影師，然後自己叫Uber去拍照地點。」我不僅沒有聽進他的建議，反而用情緒勒索反駁，說如果他不支持這個「計畫」，就不是夫妻同心。還強調「這不過是我的小興趣，你本來就應該要好好支持我」。這樣的話語現在聽來極其荒唐，但在當時情緒上頭的我，卻是毫不猶豫地脫口而出。

到了這個階段，心悸已經成了生活中的常態。我隨時都能感覺到自己的心臟像是要猛地跳出胸腔，同時又深怕它在某次劇烈跳動後會突然靜止。恐懼之下，我甚至開始重新檢視自己買過的保險，確認保單上的受益人是誰。諷刺的是，當時唯一能讓內心稍微平靜下來的片刻，居然是在大學教室裡上課的那幾個小時。正如先前所提，儘管教學風評一向不錯，但我並非那種對教學懷有極度熱忱的人。然而在那段時間，我卻無比渴望每天都能從早到晚排滿課程，因為那是極少數能感到內心平靜的時刻。

除了教學帶來的短暫平靜，與來自馬來西亞的朋友莫妮卡外出，也成了當時相對能夠放鬆的活動之一。莫妮卡當時正被公司外派到倫敦工作。當她在IG上看到我分享的近況後便主動聯繫，說她曾經有過類似的經歷（事後才發現，彼此的情況其實不盡相同），並提議一起出來喝杯咖啡，散散心。與她相處時，莫妮卡大方分享了許多關於她自己接受品牌邀約和商業合作（俗稱「業配」）的經驗。當時的我對這類合作雖未涉足，但並不排斥，也隱約覺得如果真要嘗試，確實需要有經驗的人帶領入門。她對相關的眉角與資訊總是知無不言，甚至還邀請我參加了幾個重要活動，包括倫敦時裝週的某些場次，讓我有機會近距離觀察這個圈子的實際運作。由於活動本身確實新鮮有趣，加上莫妮卡精采的分享，因此每次與她碰面，我似乎都能暫時忘卻身體的不適，全心投入在這些難得的體驗中。

好不容易等到與家庭醫生見面的那天，當我試探性地提出「這會不會跟社群媒體使用過度有關？」時，他臉上明顯閃過一絲難以置信的神情。然而，他最終還是為開立了抗憂鬱、抗焦慮以及幫助睡眠的藥物處方。儘管對這個診斷和處方心存疑慮，但在當時的狀況下似乎也別無選擇，只能姑且一試。

服用這些藥物後，狀況確實略有緩解，但這種改善往往十分短暫。藥效一過，熟悉的心悸感便會迅速回歸，糾纏不休。終於有一天，我近乎崩潰地打電話給正在工作的老公，告訴他，自己要嘛就快瘋了，要嘛就快一命嗚呼了。就在這個絕望的時刻，一個念頭突然閃過我的腦海——為什麼不立刻回台灣，聽聽看台灣醫生的診斷和建議呢？

這個想法瞬間點燃了一線希望。我幾乎是立刻從床上彈起來，衝到電腦前，手忙腳亂地訂下了能找到的最快飛回台灣的機票。

對了，說來或許難以置信，以上這一切身體與精神上的煎熬，並沒有阻止我繼續製作短影音和經營IG。恰恰就在這個身心俱疲的階段，我完成了兩支以《柏捷頓家族：名門韻事》為主題的影片，也是在這段時間認識了前面提到的珍妮和瑪雅。更讓人哭笑不得的是，我的粉絲數竟然就在此時突破了六千大關。

你看，我當時有多瘋狂。

美沙冬門診

回到台灣後，首先是熬過了幾天頗為艱難的居家隔離，接著便馬不停蹄地到醫院報到。第一個掛到的門診是精神科。儘管自認精神狀態沒什麼大問題，但在當時情境下已是別無他法——只要有醫生願意看診就已感激不已。

門診醫生是一位年輕漂亮的醫生。當她得知我剛從倫敦回來時，話匣子立刻打開了。原來她曾在倫敦大學學院（UCL）醫學院就讀，言談間對倫敦充滿了懷念。短短幾句交流讓診間的氣氛頓時輕鬆愉快起來，直到她開始正式問診。

我略帶尷尬地坦承，自己之所以會心悸、頭痛，很可能是因為玩社群媒體玩得太投入，她的神情瞬間變得和先前在倫敦遇到的家庭醫生如出一轍——那是一種介於驚訝與無奈之間的複雜表情。如果此刻能配上旁白，她的內心獨白大概會是：「看來妳精神確實不太穩定，掛精神科真是來對地方了。」

不過她還是非常專業地說：「這樣吧，我先幫妳安排做些相關檢查，包括抽血、驗尿跟腦部斷層掃描。檢查做完之後，妳去三樓看一下。」老實說，她說到後半段時語氣有點含糊不清，但她的意思似乎就是要我趕緊去做檢查，然後去下一個地方。

如果沒記錯，那天除了尿液檢查，還被抽了足足九管血。隨後來到三樓，前往女醫生指示的地方——那是另一間門診。診間外候診的人不少，但整個空間卻異常安靜。他們不僅沉默，許多人還無力地斜靠在椅子上，彷彿被什麼掏空了一般。仔細看了看掛牌，才赫然發現這裡是「美沙冬特別門診」，也就是成癮防治科。就在那一刻我才恍然大悟：那位精神科女醫生大概是懷疑這是藥物濫用的問題吧？

幾天後，我回來接受腦部斷層掃描。遇到的醫療人員在得知我特地從倫敦飛回來就醫後，幾乎都露出好奇的神情，忍不住多問了幾句發生了什麼事。然而，當提到自己可能是「社群網路成癮」時，他們多半只是笑了笑，大概覺得這是在開玩笑吧。

第三次回診時，醫生正式告知診斷結果：甲狀腺功能亢進（甲亢），而且指數遠遠超標。當時身體極度不適的我一時恍神聽錯，以為醫生說的是某種甲狀腺癌，頓時悲從中來，眼淚忍不住掉了下來。見狀，醫生大概有些慌張，連忙解釋這並不是癌症，而是甲狀腺功能亢進，一種相對來說可以透過藥物達到有效控制的狀況。聽到這番「安慰」後，我反而哭得更大聲了——折磨了我整整六個月，甚至讓我開始檢查保險受益人是誰的這些症狀，竟然只是個「相對容易」控制的問題？

醫生開了甲亢藥物。雖然談不上藥到病除，但效果確實顯著：僅僅幾天後，心悸次數便明顯減少，很快幾乎不再發作。身體狀況好轉後，我那追根究柢的個性又冒了出來，開始追問醫生，甲亢的成因是否真與網路成癮有關？或者是否有其他可能的誘因？醫生們對於我恢復得這麼快，甚至開始探究起病因感到有些驚訝，但也坦言，誘發甲亢的確切原因恐怕難以確定。

在回倫敦前的最後一次醫院回診拿藥時，我又遇見了最初的那位女醫生。她先是笑著恭喜我終於找出病因，隨後又忍不住無奈地抱怨，說正因為她安排了腦部斷層掃描（結果一切正常，腦子沒壞），害得她被上級狠狠訓了一頓，甚至還被調侃，真正該去做腦部檢查的人其實是她本人。聽完她這番半開玩笑的抱怨後，我只能尷尬地連連道歉。

除了我自己，最高興的應該是我老公了。他得知我的症狀為甲亢，並且應該可以透過藥物控制後，想必是大大鬆了一口氣，覺得一切終於可以回到正軌。然而我隨即提醒他，儘管會減少上網時間、盡量保持正常作息，但那追求「爆紅」的目標和突破萬人粉絲的計畫依然不變。只見他的眼神中似乎又流露出一絲疑惑，彷彿在懷疑台灣的醫生是否真的將我澈底治好了。

投放廣告的學問

我老公玩手遊時偶爾會課金。金額通常不大，但我總忍不住念叨他幾句，笑說哪天遊戲關了門，這些錢可就打水漂了。他多半只是笑笑，不多辯駁。

在經營ＩＧ的第一年，我對買廣告這件事相當抗拒，總覺得那像是走捷徑，有點作弊，既像是浪費錢，效果也未可知。回到英國後的某一天，看著又在玩手遊的老公，我半開玩笑地問：「課金真的值得嗎？」他笑著回答：「花點小錢，可以在遊戲裡玩得更順暢，省下的時間還能做別的事，何樂而不為？」這話他以前或許也說過，但這次我卻突然聽進去了，彷彿茅塞頓開。對啊，如果花點小錢買廣告能讓我更快速地達到目標，好像……也值得夠？這也算是一場大病後的領悟吧？但，真的有這麼容易嗎？這恐怕得問問米亞了。

「在ＩＧ上買廣告最重要的三件事就是：市場調查、結果分析、財務紀律。」

說這話的是三十五歲的會計師米亞。我們是在一場餐廳邀約活動上認識的。那時我倆都剛起步經營社群媒體，也都覺得老是拍食物有點膩了，便自然而然地聊了起來。一得知彼此都來自商管領域後，話匣子立刻就打開了，更有共鳴。不過，會計師事務所的工時實在太長，後來我們並沒能常見面。儘管如此，她的短影音還是常出現在我的頁面——不只是因為我們互相關注，更因為她很常投放廣告。

雖然當時不知道廣告費要多少，我常在心裡偷偷笑她錢太多沒處花，卻也禁不住對買廣告的實際效果感到好奇。畢竟我們幾乎是同時開始經營帳號，當我的粉絲數還在掙扎著接近一萬時，米亞的粉絲數早已輕鬆突破兩萬大關。更讓人不是滋味的是，我這邊天天拚命更新貼文和短影音，甚至把自己搞到身心俱疲需要看醫生，她那邊卻一週頂多發兩三則內容。看來真的該找她好好聊聊，討教一下箇中祕訣了。

邀約米亞出來討論廣告投放這件事，對身為Ｉ人（內向者）的我來說，著實猶豫了好一陣子。每次跟學生說自己其實很內向，他們總覺得這是開玩笑——能在課堂上對著兩百名學生侃侃而談的人，怎麼可能是內向的呢？我總是笑著說：「學校付錢，這是工作啊！」

根據粗淺觀察，在社群媒體上成為影響者這件事上，E型人格（外向者）似乎比I型人格更具先天優勢。喜歡社交、善於與人建立關係、敢於表達自己……這些特質，恰好都是經營社群媒體所看重的核心要素。這麼想也合理，畢竟social media（社群媒體）終究還是關乎social（社交）。

當然，I人也並非就無法成為「微」網紅。挑戰自我的過程本身就是一種吸引力。此外，透過精心規劃的主題設定、人設經營，以及各種內容呈現技巧，內向者依然能找到一種既能分享，又不過度「揭露」自我的平衡點。不過，無論性格如何，起碼要有一定程度的分享意願，以及準備好接受外界隨之而來的好與壞評語，仍是經營社群媒體最基本的門檻。

我終於鼓起勇氣傳了訊息給米亞，她幾分鐘內就回覆說週三下班後可以。更讓人驚喜的是，梅菲爾（Mayfair）新開了一間餐廳邀請她，她提議一起去那裡碰面試吃。太好了！在倫敦的高級地段見面，既能享受一頓免費的晚餐，還能順便討教廣告投放的技巧，真是一舉兩得。

「在IG上買廣告，首要條件是帳號本身要有料，也就是能持續產出吸引人的內容，這點妳沒問題，妳幾乎每天都有新貼文和短影音。」米亞啜飲著餐廳招待的調酒，不疾不徐地說道。「接下來，才是我們常說的那三件最重要的事：市場調查、結果分析，以及財務紀律。」

她頓了頓，促狹地笑道：「我記得妳是教行銷的，前面這兩者，應該不需要多解釋吧？」

我不置可否地笑了笑，沒有接話。

米亞聳聳肩，只好繼續說下去：「還記得我們剛開始經營帳號時，常常看到網路上各種自相矛盾的建議嗎？有人說早上七點發文最好，有人又說下午五點才是黃金時段。」

我點點頭表示確實如此。

米亞放下酒杯，表情認真了幾分：「我的心得是，這些說法都可能對，也都可能不對。主張早上七點效果最好的人，她的粉絲群或許是忙著為家人準備早餐的媽媽；鼓吹下午五點最好的，她的觀眾主力可能是等著下班的上班族。重點永遠是：妳的觀眾群究竟是誰？他們的網路使用習慣又是什麼？這只能靠妳自己去研究、分析，然後反覆試驗，找出最適合妳的策略。」

聽著米亞條理分明地梳理這些觀點，我不禁暗自佩服：這份縝密的邏輯，果然很有會計師的風格。

其實她剛才說的這些內容，像是市場區隔、目標市場選擇等等，在我為大一學生開設的行銷學入門課程中也都有提到。市場調查更是我賴以吃飯的傢伙——過去六年，每週一早上十點，我都不厭其煩地向台下近八百名學生解釋，透過調查了解消費者的重要性。諷刺的是，在這頓晚餐之前，我對自己的粉絲其實所知甚少，大概只知道他們主要來自英國、美國和台灣。看來要真正做到學以致用，還有一段不短的距離要走。

「接下來就是實際花錢買廣告了。除非妳真的錢多到沒地方花，」米亞促狹地看了我一眼，「否則最好設定一個預算上限。」她一邊說，一邊熟練地打開自己的ＩＧ後台，大方秀出她的操作介面。「像我，每次上限都設定是五十英鎊。系統會在花費達到五十英鎊時自動暫停廣告投放，等重新確認後才能繼續。妳也可以試試看這個方式。」

我遲疑了一下，說：「那我……先設個五英鎊好了。」

米亞忍不住笑了出來：「五英鎊？大概連十五分鐘都撐不到吧。」

被她這麼一說，我只好摸摸鼻子，不情願地把上限提高到十英鎊。設定完畢後，索性放鬆心情，專心享用起餐廳提供的美食。邊吃邊聊之際，我忍不住問她：「妳當初為什麼會開始投放廣告？」

米亞笑了笑，說：「還不就是因為實在太忙了！一個禮拜頂多只能更新兩三次。如果辛辛苦苦做的內容看的人不多，我真的會一整週心情很差。與其這樣不開心，不如花點小錢讓數據好看一點，自己也高興。而且妳想想，如果粉絲不夠多，今天這間餐廳會邀請我們來免費試吃嗎？這一餐如果自己掏錢，恐怕也得兩百英鎊吧？」

聽完她的話，我一時語塞，竟然覺得……好像還挺有道理的。

回到家後，看著那則投放廣告的短影音播放次數果然不斷攀升，還真的幫 Canninglondon 增加了近十個新粉絲，我突然覺得這十英鎊花得實在太值得了！同時也不禁開始反思，過去這一整年，我到底是在堅持些什麼傻勁？說到課金，這又讓我想起了曾經輔導過的學生——伊芙。

睡在圖書館的女孩

來自保加利亞的伊芙是單親家庭的孩子。提到課金，她的社群媒體歷程相對來說似乎幸運多了。

她大一時，我被學校指派為包含她在內幾位學生的輔導員（Personal Tutor），這有點像台灣大學的「小家」制度。雖說是輔導員，但任務並不繁重，一年只需和學生見面兩三次；如果學生不想見面，導師們也不會勉強，奉行所謂「沒事就是好事」（no news is good news）的放任理念。

伊芙本人相當亮眼，我還曾經跟同事笑說她某個角度神似奧黛麗・赫本。同事們雖然笑說這太誇張，但也都同意她外貌確實出眾。也許是因為剛到英國唸書，認識的人還不多，伊芙成了那段時間經常拜訪辦公室的學生之一。後來她得知我曾在觀光休閒產業工作過，而她正好對這個領域抱有憧憬，便更常跑來找我聊天。

到了大二，雖然在校園裡偶爾還是會碰到伊芙，但她就再也沒踏進我的辦公室了。考量到大二課業壓力加重，再加上社交圈擴大，認識的朋友也多了，這種轉變似乎也很自然。

直到有一天，她又毫無預警地出現在我的辦公室時間（Office Hours）。

「教授，我想跟妳說一件很瘋狂的事。」

這句話無論是從學生還是自家孩子口中說出，通常都意味著麻煩來了。

「九月剛開學那陣子，我……在圖書館睡了整整兩個禮拜。」

我當下確實大吃一驚，腦中第一個念頭閃過的是：「天啊，這太危險了！而且，這種情況該向學校哪個單位通報才行？」

大概是看到我臉上驚訝混合著擔憂的表情，她連忙補充說自己現在已經找到落腳的公寓了。儘管如此，我還是板起臉孔要求她把事情原委解釋清楚，「否則，」我半帶威脅地說，「我別無選擇，只能立刻通報學校。」

「暑假時，有位朋友找我幫忙拍一支業配影片，酬勞是五百英鎊。任務結束後，看著那筆錢，心裡冒出個念頭：或許我也能當個『內容創作者』？一個月若能接到四單，生活應該就能過得挺不錯了吧。

「於是我就這樣開始經營自己的ＩＧ。為了快速讓粉絲數增加、盡快接到更多業配，我一時衝動，竟然拿了房租錢去投ＩＧ廣告……結果可想而知，一個禮拜後我就清醒了，但也燒掉了半個月的房租。」

「那怎麼辦？」

「這時我靈機一動，」她繼續說，「想到學校圖書館是二十四小時開放的，不但不會趕人，還有警衛跟空調……」

「那盥洗呢？」我忍不住追問。

「學校健身房有附設的淋浴間啊……」

聽到這裡，我真是有點哭笑不得。一方面暗自佩服她這種絕境求生的機智，另一方面又氣得想往她頭上敲一下。

「然後我就多打了一份工，」伊芙輕描淡寫地總結，「把房租賺回來，就搬進現在住的公寓了。」

「妳以為在演電影《當幸福來敲門》嗎？」我沒好氣地問。她則一臉茫然，顯然沒聽過這部片。

後來我問伊芙，為什麼現在才說這件事。她笑著解釋，覺得整件事回想起來有點滑稽，但當時實在不敢讓遠在保加利亞的爸爸知道，怕老人家擔心。她說，感覺跟我比較能聊這些，也相信我不會隨便評判她。

的確，聽她描述這段經歷時，我也確實感受到那份略帶荒謬的喜感。誰年輕的時候沒幹過幾件傻事呢？更何況，花幾百鎊買個「社會大學」的教訓，人又平安無事，老實說，這學費繳得也還算值得了。

看來伊芙並非真的想尋求什麼建議或幫助，我們的談話也差不多該告一段落了。但或許是和這學生特別投緣吧，我還是順口問了她的ＩＧ帳號。心想，萬一她真是個小有名氣的網紅，說不定還能討教幾招呢。結果點開一看，就是個再普通不過的大學生日常分享帳號。

伊芙離開後，我確實認真思考過，是否該將那段「圖書館求生記」通報給學校。幾番權衡後，最終決定作罷。一來，事情已經過去，再去追究只會給她平添麻煩；二來，光是想到要如何向校方解釋「學生拿房租去買ＩＧ廣告」這等奇事，就夠讓人頭痛了。

不過，基於導師的職責，我還是向相關單位提出了建議，提醒他們應當加強師生對於社群媒體平台風險與安全的認知。沒想到，一向被戲稱為「行動如恐龍」的學校行政單位，這次居然真的從善如流，安排了幾場相關講座。雖然內容不免有些老調重彈，甚至有點隔靴搔癢，但總算是朝著正確的方向邁出了一小步。

伊芙大二結束後的空檔年拿到希爾頓飯店的實習機會後，便鮮少出現在我的辦公室了。實習結束升上大三[8]後，我們也頂多在校園裡偶遇、匆匆錯身過幾次。再次比較正式地見到她，已經是臨近畢業典禮的時候了。她興奮地告訴我，畢業後即將正式加入希爾頓工作。我趁機問她，是否介意有一天把她的故事分享出來。她笑著答道：「當然可以，只要別人認不出我是誰就行。再說，我可比威爾．史密斯厲害多了——他可是睡在

8 英格蘭與威爾斯的大學大多是三年畢業，但許多學生會在大二後的空檔年（gap year）實習或旅行。

公廁裡呢！」

顯然伊芙後來去看了《當幸福來敲門》。

而當我提筆寫下這一章時，伊芙在LinkedIn上的職稱已經是「客戶總監」了。

Chapter 5
Finding the Secret to Success

尋找流量密碼

社群媒體不是獨白，而是一場雙向對話。

每日穿搭與「退貨女王」

Canninglondon經歷了幾次轉型，過程中有趣的事不少，甚至還曾為了拍出理想畫面買了一輛保時捷當作可以入鏡的道具。這段故事就讓我從頭慢慢說起。

大約在剛脫離某個互助組的時期，我曾決定專注於每日穿搭的分享。會有這個想法主要有幾個原因：一來是出於個人興趣，加上我一直覺得自己在這方面或許有點潛力——身邊蠻常有朋友會來徵詢關於穿搭的意見；二來，先前試過幾個穿搭短影片迴響也不錯。或許可以做為一個時尚愛好者的記錄，好啦，或許這也是找個藉口當購物狂吧？

我希望透過穿搭分享，傳遞自己的造型理念。衣櫥中有不少單品，例如包包與飾品，是從年輕時代（是的，那已是上個世紀）便悉心收藏、穿戴至今。我特別喜歡混搭，將衣櫥裡的經典單品與當下的流行元素結合，創造出屬於自己的獨特樣貌。此外，除了追隨流行品牌，我也熱衷於發掘個性鮮明的古著，尤其鍾愛那些有故事的二手服飾。為此，我經常流連於古著店、中古店或慈善商店，享受在其中尋寶的樂趣。

當然，除了分享熱情，當時心裡也懷抱著小小的野心：希望能吸引到理念相近的時尚或服飾品牌注意，開啟合作的機會。然而，當真正一頭栽進去開始認真經營時，我才發現理想與現實之間確實存在著不小的落差。

坦白說，我並不是一個擁有很多衣服和配件的人。一方面，我對當下流行的快時尚實在沒有太大興趣——那種標榜穿一季就丟的消費模式，始終讓我覺得既浪費又不環保。當然，我也有買了許多衣服，但只穿過一兩次就束之高閣的時期。回頭想想，這樣的習慣既不永續，也不經濟。所幸英國有個很棒的優點，就是慈善商店隨處可見。這些商店接受公眾捐贈。民眾將家中用不到的東西（包含家具、裝飾品、衣服等）捐到這些地方，這些慈善組織的義工會在篩選後將可再販售的商品整理好上架，販售給新的主人，所得收益用來支持各類公益組織，例如紅十字會、動物保護協會、貓咪保護協會等等。這樣的機制讓舊衣物得以延續價值，也能幫助更多需要幫助的人或動物。

在疫情前，我偶爾會在家附近的慈善店擔任義工，那時才真正意識到，原來有那麼多人會捐贈全新或僅僅穿過幾次、幾乎全新的衣物。但老實說，這也無形中成了我後來購物的藉口——每次下手買衣服時總會在心裡安慰自己：「反正不穿還能捐出去，也算是做善事吧！」雖然就這樣陸續添購了不少新衣，但是當我真正開始經營穿搭內容後才發現，如果只是每週拍攝一到兩次，衣櫃庫存還能應付，可一旦要做到「每日穿搭」，對衣物的需求量便會瞬間暴增，遠超過想像。

在這段期間確實有幾家時尚品牌表達意願，願意提供免費服飾，但並非所有品牌的品質都能符合我的標準與期待。有次從某品牌的官網看中幾件設計似乎相當精美的服飾，但實際收到時，布料卻薄得近乎透明，質感與期待相去甚遠。經歷了幾次類似狀況下來，我深刻體會到，市面上能真正符合我個人風格並且值得真心推薦給粉絲的品牌，其實屈指可數。

我並不是刻意挑剔，而是發自內心不想推薦連自己都不認同或不喜歡的商品。為了不讓品牌方覺得我只是白白拿了衣服卻未履行推廣合作，我還得自掏腰包支付郵資，將那些不適合的衣物一一退回。想當然耳，久而久之，這些品牌也就逐漸減少甚至不再提供衣服了。

有些女孩會透過網購買衣服回來拍照，拍完照後再利用退貨機制將衣服全部退回去，也就是俗稱的「買—拍—退」。這種做法除了可能涉及道德爭議外，操作時還需注意是否會被商家列入黑名單，以及各家不同的退貨條款細節。有位朋友就曾跟我分享，她在倫敦高級百貨Selfridges網站想嘗試「買—拍—退」，卻沒注意到該店的退貨期限只有十四天，而非常見的二十八天。結果錯過期限後，她只好認賠低價轉售那些衣服來支付信用卡帳單。

這種行為不只發生在網購。如果住在商場附近，也有人會直接去Zara或H&M這類快時尚店鋪買衣服，拍照後再拿回去退掉。這種操作同樣存在被列入黑名單的風險。我認識的一位女孩，IG上自稱是「試穿女神」，但我們私下給她的綽號是「退貨女王」。她經常光顧Zara和H&M，每次掃貨三四百英鎊（約新台幣一萬至一萬五千元）的衣服回家拍每日穿搭，然後隔幾天全部退掉。至於我們為什麼知道這些事？主要是她自己從不避諱，甚至還大方地教粉絲怎麼透過「買—拍—退」的方式，實現永遠有「免費新衣服穿」的夢想。這種做法雖然遊走在灰色地帶，但也毫不意外地為她吸引了不少粉絲和流量。

某天，這位「退貨女王」錄製了一段短影音，影片中哭訴自己在Zara購物時信用卡被拒絕。一開始她以為是卡片消磁，結果發現卡片在其他店使用時完全沒有問題。她邊哭邊說，推斷自己大概已被Zara列入黑名單。老實說，看到這類短影音時，我都會抱持著幾分懷疑的態度。一來，現在很多網路內容真假難辨；再者，她的表現有些做作，而且說到底，如果真被列入黑名單也有一點點活該。當然這只是她單方面的說法，誰知道是不是又想吸引流量呢？此外，她依然能在店內試穿、錄製影片，甚至用現金購買衣服。所謂的「黑名單」頂多就是讓她的購物流程稍微麻煩了一點而已。

除了衣服不夠多，加上我個人也不宜用「買—拍—退」的方式操作外，還有一個很現實的問題——場地。我們家雖然是個上下兩層的小房子，但並沒有一處採光良好、空間縱深又足夠讓我好好自拍的角落；最重要的是，因為隱私的關係，家裡的格局、擺設暴露在網路上似乎也不是個好主意。結果經常是瞎忙一兩個小時後，發現不是衣服狀態滿意但臉沒拍好，就是臉的角度對了可衣服沒整理好。真是令人心力交瘁，有夠累！

其實，很多拍每日穿搭的年輕女孩，也許只是站在自己單人房裡的鏡子前隨手一拍而已。但年輕就是本錢，彷彿隨便拍都好看，真是讓人好生羨慕。

然而現實是殘酷的。無論是從互動量還是粉絲成長速度來看，我的穿搭內容成效並未達到預期。這個每日穿搭系列在亞洲粉絲中還能獲得一些迴響，但對歐美受眾而言似乎就缺乏吸引力。儘管如此，我依然會定期分享一些相關的圖文影音。只是我心裡清楚，這一系列恐怕很難成為吸引新粉絲的主力內容。

有些人可能以為，想經營每日穿搭內容，主角似乎非得是俊男美女，家境優渥，要不然就得冒著被列入黑名單的風險大玩「買－拍－退」，但事實並非總是如此。例如每月固定從巴黎搭乘歐洲之星來倫敦的歐仙娜，她就是證明了這些條件並非絕對必要的好例子。

永續經營的OOTD女孩歐仙娜

二十四歲的歐仙娜是土生土長的巴黎人。我們起初是透過共同朋友認識的，由於她經常往返倫敦，後來我們也變得越來越熟悉。我總喜歡拿一些刻板印象裡的法國問題來逗她，像是：「你們巴黎人真的會看《艾蜜莉在巴黎》嗎？」或者「你們是不是每天都喝紅酒、吃長棍麵包啊？」

歐仙娜在倫敦有一位男朋友，所以每個月都會搭歐洲之星跨海來英國一次。不過，自從英國脫歐後，持法國護照的她每年在英國只能停留一百八十天，而且過海關時還經常被盤問來英國的目的為何。我曾經好奇地問過歐仙娜，為什麼總是她來倫敦，從沒聽過她男朋友去巴黎找她。她只是給了個標準的法式聳肩，笑著說這樣也好，正好可以在倫敦盡情逛跳蚤市場、慈善商店和二手店，買些衣服和配件帶回巴黎，做為她每日穿搭的素材。

沒錯，歐仙娜的每日穿搭中，許多服飾和配件都來自二手商店，而巴黎和倫敦正是尋覓這類寶藏的絕佳地點。由於是二手商品，價格通常相對實惠。更聰明的是，她將搭配好的單品拍照分享後，時常會再轉手放到網絡上出售，將所得的資金又投入到下一輪的衣物選購中。這是一種既正當又符合永續時尚理念的經營方式。

客觀來說，比起社群媒體上其他以每日穿搭為主題的女孩，歐仙娜的外貌或許不是那種第一眼就驚豔的類型，但她的穿著非常有個人風格，配上清秀的臉蛋、不誇張的妝容，整體讓人覺得很舒服有質感。身為一位二十多歲的年輕人，她已經十分清楚如何搭配才最能展現自己的魅力與氣質。她似乎還遺傳了祖母的好品味——據說她祖母曾在一九六〇年代的巴黎時尚圈工作過。這份獨特的時尚眼光讓她在服裝搭配上總是充滿巧思與品味，也難怪能在TikTok與ＩＧ上擁有將近十萬的粉絲。

相較於去快時尚店掃貨拍穿搭，歐仙娜走的這條二手尋寶之路顯然更不容易。有一次我陪她採購，簡直是趟體力活：從東倫敦的Spitalfields Market一路逛到泰晤士河畔，再轉往西區的梅菲爾，甚至還去了西北邊的肯頓市集。中間雖然也搭了公車和地鐵，但一天下來我們還是走了快兩萬步。儘管在倫敦住久了，我的腳力還算不錯，但老阿姨畢竟不能跟二十多歲的年輕美眉比。那次之後，我跟她說以後可能沒辦法再全程奉陪了。「妳快逛完或接近尾聲時再約我碰面吧，我看看妳的戰利品就好。」

其實，歐仙娜大學還沒畢業時，我就開始追蹤她了。一路看著她分享各式穿搭，從日常休閒、上班通勤到晚宴造型，應有盡有。看得出來，她在這方面顯然既有熱情，也投入了大量心血。

她跟朋友在巴黎合租了一間公寓。我曾好奇地問：「是不是像《艾蜜莉在巴黎》裡那樣？有著古老樓梯、天井和法式落地窗的那種？」

她（大概又）翻了個白眼，無奈地說：「自從那部影集播出後，大家都以為每個巴黎人都像艾蜜莉一樣，整天打扮得光鮮亮麗，然後流連於高級餐廳。」

接著，她語氣篤定地補充：「才——不——是——咧！」

我忍不住追問：「那實際上是怎樣呢？」

她笑著說：「其實我們還蠻喜歡自己下廚的。不過通常就是做些簡單的義大利麵配沙拉，這樣就算是一頓晚餐了。對了，佐餐酒當然少不了！」

聽到這裡，我心想，嗯，這倒是和我對法國人的部分印象相當吻合——他們講究生活品質，偶爾也會犒賞自己，上館子喝點小酒，吃點精緻小食。

歐仙娜是我認識的第一位能完全自給自足的全職網紅。幾次聊天下來，她也相當不吝於分享自己如何維持生計。她的房租主要靠著幫幾家公司管理社群媒體帳號來支付，同時她也接業配合作。至於三餐，則大多來自IG上的餐廳招待，或者與一些美食APP的合作機會。她每個月最大的開銷，大概就是往返巴黎與倫敦的歐洲之星火車票。

白天如果不忙著管理客戶帳號或外出採購，她就會拍攝自己的穿搭內容；晚上則用來上傳新照片與短影音，並與粉絲及其他內容創作者互動。她笑著說，這份工作雖然自由度很高，但也需要極強的自律，否則很容易讓人失去時間感，不知不覺一天就過去了。

二〇二三年夏天，歐仙娜在某次離開倫敦前告訴我，她可能會有一段時間不會再過來了。我問她是不是因為英國每年只能停留一百八十天的限制。她搖搖頭說，主要原因是她的男友即將外派到斯德哥爾摩工作，這樣一來，她在倫敦也就少了個固定落腳的地方了。歐仙娜提到，男友邀請她一起搬去斯德哥爾摩。她還一邊自言自語地說：「不知道斯德哥爾摩的跳蚤市場好不好逛？」

聽到這裡，我心裡不免有些替她不捨。畢竟，我們的友情早已超越了普通網友的範疇，昇華為真正的朋友。幸運的是，就在她預計可能要跟著搬家前一個月，她的男友意外收到了倫敦某知名投資銀行的錄取信——據說是一個好得無法拒絕的工作邀約。

這個轉折讓歐仙娜既感到高興，又帶著些許擔憂。她擔心未來男友可能因為工作過於忙碌而沒時間陪伴她，或者更怕對方在事業蒸蒸日上後眼界變高，另覓新歡。唉，現在的年輕人要在愛情、事業與個人夢想之間找到完美的平衡點，的確是件不容易的事。

追逐花季之早起的女孩有花拍

熟悉品牌經營的人或許都知道，談到「轉型」，那絕對是一大挑戰。許多知名企業碰到的最大危機，往往就發生在轉型過程中。想想看，一個速食品牌突然想標榜自己很健康，或者原本專攻職業婦女的服裝品牌，試圖轉向吸引年輕少女，多半會讓老顧客感到困惑甚至反感。這背後的原因不難理解：消費者常常會在不知不覺中把品牌當作一個人來看待，甚至跟它建立起某種情感連結。一旦這個「熟悉的夥伴」突然性格大變，而且轉得太過生硬突兀，大家自然很難接受。

這個道理同樣適用於社群媒體的經營。試想，一個原本專門介紹汽車的內容創作者，某天毫無預警，也沒給個合理解釋，突然開始大談特談美妝保養，他的粉絲很可能會覺得莫名其妙，甚至取消關注。所以說，在剛開始經營社群媒體時，多方嘗試不同的方向非常重要。因為在那個階段，就算走錯路或想換跑道，「轉換成本」相對低廉許多。

基於這個考量，當我發現最初的穿搭主題成效不如預期時，便果斷地決定轉換跑道試試看。

第一次轉型，我選擇了一個自認更具視覺吸引力，也更能貼近倫敦在地生活的主題——記錄倫敦四季中的美麗花卉。倫敦最迷人的地方之一就是它四季分明，而且每個季節都有豐富而獨特的花卉景觀。從二、三月乍暖還寒時的梅花、山茶花，到春天盛放的鬱金香、櫻花、木蘭花；再到夏天繽紛的桃花、牡丹、玫瑰與繡球花；隨後是秋日裡優雅的紫藤，甚至晚秋十月的楓紅。每個花季都有它獨特的風情。

我的想法是，把這些盛開的花卉和倫敦的街景、建築結合起來拍攝，應該能吸引到那些同樣熱愛自然與美景的粉絲。此外，有車代步也提供了便利，讓我不只能拍市區的景致，也能輕鬆地前往一些遊客較少、較原始的地方，捕捉更遼闊的自然風光。

這個策略轉向確實為我吸引了不少來自北美和西歐的新粉絲，同時，原有的亞洲粉絲群也持續成長。許多人對這些季節性花卉以及拍攝場景反應熱烈，紛紛表達喜愛與支持。再加上當時新冠疫情尚未完全平息，許多人對外出活動仍有顧慮，一定程度上助長了我的影片觀看數和帳號粉絲數的迅速上升。儘管離「爆紅」還有距離，但確實朝著一萬名粉絲的目標邁進了一大步。

然而，隨著疫情影響逐漸淡去，大家紛紛重拾外出的腳步，與此同時，越來越多的創作者也發現「花卉＋倫敦」是個低成本、高回報的熱門主題，競爭隨之加劇。我先前累積的些許優勢逐漸被稀釋，粉絲成長的速度也再度放緩下來。

就在拍攝花卉的過程中，我遇見了艾洛蒂。倫敦適合拍花的地方雖多，但真正稱得上經典、特別上鏡的場景其實也就那幾個。例如，想拍櫻花大多會去格林威治公園；想拍鬱金香，荷蘭公園是首選；想捕捉玫瑰盛開的美景，則非攝政公園的玫瑰園莫屬。接連幾次在不同的花季、相似的熱門地點偶遇艾洛蒂後，我們發現彼此想法頗為契合，於是自然地互換了ＩＧ帳號，並很快熱絡了起來。艾洛蒂二十五歲，來自德國，在倫敦的一家出版社工作。

接下來的幾個月，艾洛蒂常約我結伴去倫敦的公園拍照。不過我們都發現，專門拍攝花卉的創作者越來越多，想避開人群變得愈發困難。好比疫情期間去格林威治公園拍櫻花，早上九點前還幾乎沒什麼人；但疫情過後，往往七點不到就已經擠滿遊客了。為了搶在洶湧的人潮湧入前拍攝到理想畫面，艾洛蒂建議我們務必提早出發，最好清晨六點半前就抵達目的地。

起初，為了拍到理想的櫻花畫面，我還真願意早起配合。要知道，對於住在倫敦北邊的我來說，這可不是件容易的事。如果要趕在清晨六點半到達拍攝點，就代表必須凌晨四點起床，五點準時出門搭公車。

第一次挑戰早起拍花的前一晚，我特地仔細規劃好路線，設好鬧鐘；隔天也確實準時起床，帶上攝影裝備摸黑出發。倫敦的公車雖然號稱二十四小時運行，但清晨的班次遠不如白天那麼頻繁，於是一路上都得不停確認轉乘時間，深怕錯過銜接。然而，計畫終究趕不上變化——我搭上的第一班公車竟然在半路熄火拋錨了！這一拋錨，後面的轉乘時間瞬間全被打亂。由於清晨的公車班次實在太稀少，我也只能在冷清的街邊乾等下一班。終於趕到櫻花園時，時間已經悄悄滑過七點半，比我們原定的六點半足足晚了一個小時。

更讓人傻眼的是眼前的景象。還不到八點，整個櫻花園已經人山人海！我心想：這個時間點，週末的倫敦不是應該還有不少人正賴在床上嗎？這裡卻擠滿了扛著長槍短炮的攝影愛好者與精心打扮的網美；甚至有人拖著行李箱，裡面裝了好幾套衣服，準備現場換裝拍照。那場面盛大又專業得讓我懷疑，是不是誤闖了一個大型的戶外攝影棚。

更有趣的是，這裡不只是單純的賞櫻，儼然成了一個跨文化的大型表演舞台。有人身穿印度傳統服飾拍攝舞蹈影片，旁邊則有一群人換上中東傳統服裝也在翩翩起舞，還有專業攝影師正忙著架起長鏡頭和反光板，指導模特兒擺出各種完美姿勢。看到這景象我才明白，為了這片夢幻的花海，大家都願意這麼早起，如此大費周章。這種近乎瘋狂的熱情，真的讓人不禁會心一笑。

後來我又硬撐著陪艾洛蒂來了幾次。掙扎了幾次後，我還是坦白跟她說：「阿姨年紀大了，真的沒辦法這麼早起。」除了生理上實在無法負荷，更主要的是這個題材大概已經被大家拍得差不多了，再怎麼拍，也很難再拍出什麼新意或驚喜了。

之後我們還是定期聯絡，不過她也很識趣地再也沒有找我去拍花了。到了二〇二三年櫻花再次盛開時，有一天我收到她傳來的一則訊息：「我現在在格林威治公園，妳敢相信嗎？外面已經有很多人在等著要拍照了！」我滑開手機一看訊息時間——早上五點五十分！她正準備等六點公園一開門就衝第一個進去卡位。我心想：「天哪！這也太拚了吧！」再次慶幸當初很誠實地告訴艾洛蒂，我真的無法負荷那麼早起。

辣手摧花的戴比，落荒而逃的我

二〇二三年冬天某日，我走在路上時突然瞥見一個熟悉的身影，嚇得連忙躲進旁邊的雜貨店——竟然是那個「辣手摧花」的戴比啊！

在「微」網紅圈裡什麼奇怪的人都有，而戴比絕對是其中的佼佼者。我們從互助組時期就認識了，她當時就因為慣用「追蹤後取消關注」的把戲而讓我印象深刻。她的套路很簡單：先大量追蹤別人，等對方回追後，就立刻取消對其的關注。不知情的外人看她粉絲數和追蹤數的懸殊比例，還真會以為戴比有多炙手可熱呢。實際上這只是一場精心計算的數字遊戲。

聽起來是不是感覺有點不厚道？沒錯，所以只要有戴比在的群組，幾乎無一例外都會聽到大家對這種行為的抱怨和不滿，她本人也因此多次被踢出群組。不過，戴比還真是厲害。許多被踢出群組的人最後都默默經營不下去了，她卻總能屹立不搖，一直活躍在這圈子裡。看來，某種程度的「堅持」（或者說是臉皮夠厚？）確實也是經營社群媒體的一項重要特質。

不知是幸還是不幸，我竟然是少數沒有被戴比取消追蹤的人之一，而且我們還經常在彼此的新影片下互相留言。戴比早就發現，拍花不僅能吸引粉絲，還能有效提升點閱率。而且憑藉著她姣好的外型，人比花嬌的畫面也能輕易吸引觀眾的目光。

仔細分析，她有幾個常用的拍照手法：像櫻花這樣有小花瓣的花朵，她會在花雨中漫步或站立，營造出一種沐浴花瓣的浪漫氛圍；對於玫瑰或山茶花這類較大的花朵，她則會將花束捧在手中，擺出一個半遮面、若隱若現的姿勢，增添一絲神祕感。靠著這些技巧，她好幾支相關的短影音都突破了百萬觀看次數。要說戴比是我花卉攝影的「靈感泉源」，還真一點也不誇張。

我們怎麼從原本還算聊得來的網友，演變成我需要躲進店裡刻意迴避她的呢？這一切的轉折得從戴比那次邀請我一起外拍說起。

當她邀請同去攝政公園附近拍花時，心情一時有些複雜。一方面暗自欣喜，覺得是向這位「花卉攝影達人」討教學習的好機會；另一方面，她先前在互助組那套「追蹤／退追」的操作，又讓人心裡多少有些疙瘩。不過轉念又想，說不定戴比本人私下其實很好相處呢？最終我懷著姑且一試的心情，答應了赴約。

到了公園，戴比很快選定了目標——一棵相當纖細的櫻花樹。我正想問她為什麼不選棵更茂盛更大一些的，下一秒卻見她突然抬起一腳猛力踢向樹幹！接著，她迅速拿起手機，對準鏡頭捕捉那如暴雨般被強行震落、洶湧而下的櫻花花瓣。等到那棵可憐的樹上櫻花幾乎所剩無幾，她便心滿意足地轉向下一棵樹，如法炮製。

更令人「貼心」的是，她還特地走過來幫忙踢樹，說是「這樣才能拍得更盡興」。各位能想像那畫面嗎？當下那份驚訝與錯愕簡直難以言喻。我恍然大悟！難怪她總能捕捉到那漫天櫻花雨的夢幻場景，而像我這樣的「老實人」，只能苦等老天爺賞臉，盼著風起，才能偶得幾片飄零的花瓣！看來戴比大抵是覺得我力氣不夠，或是動作太慢，所以才如此「體貼」，免去了讓我費力踢樹為她拍照的麻煩。這麼說來，似乎還真得感謝她的這份「體貼入微」呢。

櫻花環節結束，戴比似乎意猶未盡，又提議轉戰山茶花。一時之間我也想不出妥當的推辭理由，只好硬著頭皮，默默跟上她的腳步。兩人來到附近某個富人區內，像是一處私人庭園的角落，只見白色與粉紅色的山茶花開得正盛，爭相怒放。只見戴比一副熟門熟路的樣子，隨手就折下幾朵開得正好的花，同時還能若無其事，甚至帶著點分享心得的口氣說道：「妳看，山茶花這種，既漂亮又沒刺，簡直是最理想的拍照道具，花朵本身也夠大。換作是玫瑰或薔薇那種帶刺的，就得預備小剪刀了，不然準會扎手。」

那語氣自然得彷彿只是在交流園藝心得，卻聽得一旁的我目瞪口呆，一時之間竟不知該做何反應。

看著她手上的「成果」，我滿臉擔憂地囁嚅道：「這樣……不太好吧？」

戴比手裡沒停，一邊物色下一朵犧牲品，一邊笑著說：「哎呀，這裡花這麼多，少幾朵沒差啦！而且它們遲早會謝掉啊，這是在幫它們『修剪』呢！」

聽到這種歪理，我簡直無言以對。有些人似乎天生缺乏察覺自己行為有多自私的雷達。沒多久，戴比手裡便捧著一束比她臉還大的山茶花，興奮地招呼我幫她拍照。謎底揭曉了——原來她那些照片裡的大花束是這樣「取得」的。

拍完後，她又「大方」地將花束遞過來，說：「來，換妳！我幫妳拍！」

我接也不是，不接也不是，心想：「天哪……我到底該怎麼辦？」

有心理學家指出，在經歷重大創傷後，即使身體毫髮無傷，當事人仍可能遺忘部分記憶，據說這是大腦的一種自我保護機制。當然，我這點「驚嚇」遠遠稱不上什麼創傷，但說來好笑，我對那天外拍的結尾具體是如何收場的，記憶還真是一片模糊。不過，應該離「落荒而逃」也差不了太遠了。

後來戴比再約一起外出拍照，我總是以工作繁忙為由推辭。再之後，為了澈底擺脫這種邀約，我乾脆直接告訴她我想轉型，暫時不再拍花了。這樣的回應，一方面固然是實在受不了那份早起的折騰；另一方面，說實話，也是真不知該如何繼續應對這位過於「熱情」又「直接」的「朋友」。

戴比的行為和在餐廳裡「打扁」食物的米雪兒，本質上是一樣的嗎？我常在心裡反覆權衡比較。如果單純因為兩者最終目的都是為了吸引觀眾目光就將它們劃上等號，似乎過於簡化了。打扁食物的畫面視覺上確實更驚悚，但如果餐點是自己買單，最終也有吃掉（假設有），嚴格來說，對他人的實質影響相對有限。當然，任何廚師看到顧客這樣糟蹋自己的心血都很難開心起來。

相比之下，戴比踢樹、折花聽起來或許沒那麼「暴力」，但實際上卻是對公共環境的直接破壞與侵犯。而且，在公園裡做出這些行為，恐怕已不僅是缺乏公德心的問題，更是破壞公有財產了吧？

這又延伸出另一個常見的話題——那就是當觀眾在社群平台上看到那些令人驚嘆的美景或完美畫面時，往往很難想像這些畫面背後的真實場景，或是照片／影片是怎麼拍出來的。IG上有一系列非常出名的影片名為「Instagram VS Reality」（IG vs. 現實），其中一些對比非常有趣，深刻揭示了那些看似完美的照片或影片與拍攝現場現實之間的巨大差距。觀眾眼中可能是一片寧靜無人的湖泊，然而拍攝者的身後卻可能是一群遊客擠在狹小的觀景台上互相卡位，或是大排長龍、焦急地等待輪到他們在所謂的「網美地點」打卡拍照。

戴比踢樹折花的行為顯然是「Instagram VS Reality」的暗黑進階版——不僅是現實場景不如照片，更是用了不道德的手段來製造畫面。若不是我親身跟隨拍攝，觀眾絕對不會知道，鏡頭前那片浪漫花雨竟是用粗暴且缺乏公德心的方式「製造」出來的。我不禁想對安迪・沃荷（Andy Warhol）說，恐怕不用等十五分鐘了[9]，在現代，許多人為了在網路上獲得那十五秒鐘的關注（甚至更短），似乎已能無所不用其極。

在反思戴比行為的同時，也不免開始檢討起我的「旁觀」與「不作為」（或者說，僅止於那句軟弱無力的「這樣不好吧？」）。一方面，她踹樹折花的速度確實相當快；另一方面必須承認，當下我被她那理所當然的態度和明目張膽的行為給驚呆了，一時之間反應不過來。畢竟在日常的工作與生活中，實在太少遇到如此「奔放」且無視公德心的人與事。

在經歷了花系列從「曇花一現」的爆紅到逐漸衰退的過程後，我決定靜下心來，仔細分析問題究竟出在哪裡。思前想後，發現主題的進入門檻低顯然是關鍵因素。畢竟只要有一台手機，任何人都能拍花，這也就意味著市場競爭極度激烈。一開始表現良好，

9 安迪・沃荷：「未來，每個人都有可能出名十五分鐘。」

或許是因為疫情期間戶外活動受限，競爭者相對較少。然而隨著疫情解封，大家紛紛走出家門，像我這種拍照技術普通又有點「佛系經營」（說白了就是懶）的人，自然難以在激烈的競爭中建立起持續的競爭優勢（competitive advantage）。除了拍花，「倫敦三件套」也是類似的低進入門檻主題。真是有點汗顏，虧我在課堂上還三不五時地教學生如何分析市場、打造競爭優勢，結果輪到自己實踐時，卻一頭熱地栽進了這個主題，沒能及早意識到其本身的局限性。

好吧，既然體力上無法早起拍花，道德上（或說膽量上）也沒有勇氣去踹樹折花，連被寄予厚望的每日穿搭系列也應者寥寥、乏人問津，那接下來到底該何去何從呢？一想到這就不由地感到頭疼。絞盡腦汁思考著還有什麼其他值得嘗試的主題，但靈感這東西有時就是這麼頑固又欠揍，越是拚命去想，腦袋反而越是一片空白，或者覺得想到的哪個點子都不夠好，不夠特別。

Chapter 6
Have coffee in affluent places...

倫敦五星級咖啡巡禮

透過社群媒體，你不需要行銷公司來幫你建立品牌了。

攝影師金蟬脫殼？

夏日某個週日下午，我老公去打棒球。沒錯，近年來在美國大聯盟（MLB）的大力推廣下，棒球已成為倫敦越來越受歡迎的運動之一。不少台灣男生藉此機會聚會、運動，兼推廣台灣形象，而對他來說，這不僅是一場球賽，更是一個難得的藉口——終於能名正言順地擺脫他的攝影職責。（回頭想想，或許這才是他風雨無阻、從不缺席球賽的真正原因？）

回到那個夏日的週日下午，我做完禮拜後回到家，盤算著一個人可以去哪裡拍照。地點要漂亮，不要太遠，不能太貴，而且要可以讓我放心地為心愛的愛馬仕包包拍照。想來想去，覺得以前學校附近的倫敦地標飯店（The Landmark London）似乎不錯。背上包包，我跳上門口的公車。半小時後，便抵達了飯店二樓的香檳酒吧。

在倫敦眾多頂級飯店中，Landmark 絲毫不遜色，並且在我心中地位獨特。當年在附近上班時，我偶爾會帶著作業來這裡靜靜地批改。幾次部門開會，老闆也會移師此地舉行。這裡不僅空間寬敞，設施也應有盡有：英式酒館、香檳酒吧、鏡子酒吧，以及那幾乎無人不曉、以棕櫚樹下午茶聞名的美麗室內冬季花園。

其中我最喜歡的是香檳酒吧。除了酒精飲料，這裡也提供咖啡和茶。值得一提的是，倫敦有些酒吧確實不供應熱飲——畢竟酒吧本就以酒精為主，這點倒也合理。但五星級飯店通常是例外，大多數飯店內的酒吧都提供豐富的飲品選擇。對於不太喝酒的我來說，這無疑是個理想去處。像在Landmark除了能喝杯咖啡，還能欣賞樓下傳來的鋼琴演奏，氣氛格外迷人，更重要的是能讓我盡情拍照。

就在卡布奇諾送上來的那一刻，我突然靈光一閃，有了個大膽的想法……

在「歡迎光臨」與服儀檢查之間……

我天生喜歡探索新事物，尤其對倫敦的五星級飯店情有獨鍾。不論是教完課想來杯咖啡，逛街走累了找個地方歇腳，還是與朋友相約聊天，五星飯店的咖啡廳總是我的首選。只需比星巴克多花一點點錢，便能享受更優雅的環境與細緻的服務，而且環境相對安全。看看倫敦近年日益敗壞的治安就知道這點有多重要了。除了以上之外，我還能觀察許多值得分享的細節——從精緻的擺盤、華麗的裝潢，到獨特的歷史氛圍。最棒的是，這些地方通常不會太擁擠。

在日常分享穿搭與花藝的短影音之外，我偶爾也會穿插幾支在倫敦五星飯店喝咖啡的片段。沒想到，這類影片的表現意外亮眼。雖然觀看數起初沒有特別高，但互動率極佳，留言尤其踴躍。細看留言後，許多年輕人對於踏入五星飯店其實內心頗為忐忑，甚至有些人帶著敬畏，還有些懷疑地問：

「妳怎麼敢沒有預約就踏進麗思飯店啊？」

「在薩伏伊（Savoy）裡壓力好大！根本不敢拍照。」

「克拉里奇（Claridge's）的門房看起來好嚴肅，感覺會檢查我的穿著！」

剛看到這些留言時，我滿是疑惑。五星級飯店不就是開門迎客的地方嗎？有人光顧，它們應該歡迎之至才對吧？但轉念一想，二十多歲時的我或許也會對麗思門口那位據說會檢查鞋子的門房感到有些卻步。

是的，這在亞洲許多地方或許聽來不可思議，但倫敦麗思飯店的門房確實真的會攔下穿著運動鞋或牛仔破褲的客人！有次和一位女性友人下班後小聚，朋友雖然穿著體面的西裝外套，但腳下卻換了運動鞋，竟然被硬生生擋在門外。氣得她直接跑去附近買了雙新鞋，這才順利獲准進入。

看來有些事確實需要一定的年紀和歷練才能處之泰然，或許這裡正藏著一個值得深耕的內容主題。

上網一查才發現，倫敦竟是全球擁有最多五星級飯店的城市，數量超過百間。若每週造訪兩間，也得花超過一年以上才能走遍。更何況，許多飯店內還不只一間咖啡廳或酒吧，而且每年都會有新飯店開幕。這場探索之旅，看來永無止境。更令人興奮的是，在倫敦的內容創作者中，似乎還沒有人針對這個主題進行系統性的拍攝。我彷彿找到了新的「研究主題」！於是便隨手為這個計畫取了個並不特別響亮的名字：「倫敦五星級咖啡巡禮」。

拍攝手法方面，我也逐漸摸索出一套標準流程：請門房協助開門、跟隨經理或服務生引導入座、錄下咖啡或茶送達桌邊的過程，輕輕攪拌，捕捉杯中細膩的畫面。接著，趁著品嚐咖啡的空檔，我會以不打擾其他客人為最高原則的方式，四處捕捉飯店與咖啡廳的優雅環境。畢竟，有些人只是來放鬆喝杯飲料，或許並不希望入鏡。

有些經驗老到的門房或服務人員甚至頗具表演天分，會主動指點我哪個角度取景更好，還會搭配一句「歡迎來到文華東方」或「歡迎蒞臨四季酒店」，氣勢十足。從一開始的確有些不好意思，到後來自己也漸漸被這種尊榮的氛圍感染。

後來仔細想想，或許這些飯店人員也是樂得順水推舟，為自家品牌做了免費宣傳吧！無論如何，粉絲們似乎相當喜愛這一互動環節，那份投入感幾乎不亞於我身歷其境的體驗。雖然我也會分享價格、預訂方式等實用資訊，但除非有特別之處，通常只是影片中的點綴，真正的主角是體驗本身。

面對不同聲音與意見

至今我已經造訪超過百間倫敦五星級飯店內的咖啡廳與酒吧。這個主題讓Canninglondon的粉絲數與互動率都穩定成長。許多朋友表示，喜歡透過這些分享一窺這些高級場所的樣貌；也有粉絲留言說，因為我的推薦，他們也鼓起勇氣，開始嘗試這種負擔得起的小奢華體驗。

有趣的是，在教學生如何經營品牌時，我常強調4C原則的重要性：清晰（Clarity）、一致（Consistency）、可信（Credibility）與競爭力（Competitiveness）。回頭看在開發與經營「倫敦五星級咖啡巡禮」這個主題時，我似乎不自覺地將這些理論付諸實踐：這個主題競爭者不多（競爭力），內容皆為親自探訪（可信度），拍攝風格始終如一（一致性），且主題明確可辨（清晰度）。看來教科書的知識確實有它的價值！在象牙塔裡教書的老阿姨不禁小小自豪地想。

當然也有人不以為然地留言：「好咖啡就該去專業的咖啡館，五星級飯店的咖啡能有多厲害？」我並不完全否認這個觀點，五星級飯店裡的咖啡有些確實差強人意，例如缺少細緻的拉花，或是品項選擇有限等等。但對我而言，造訪五星級飯店從來不只是為了那杯咖啡，更是一種沉浸於獨特氛圍與優質服務中的「體驗」——這或許能呼應行銷學中的「沉浸理論」（Immersive theory）與「體驗價值」（Experiential value）——它結合了空間、美學與生活風格，是一種可負擔的小奢華享受。面對這類質疑，我通常會感謝他們的觀點，並順勢請對方推薦倫敦值得一試的專業咖啡館，表示有機會定會去探訪。

除了對咖啡品質的質疑，留言區裡自然也少不了一些更為尖銳或缺乏建設性的批評。其中，這類道德拷問式的言論算是相當常見：「妳有錢去這些地方喝咖啡，為什麼不把錢拿去做更有意義的事，比如捐款幫助窮人？」

可以理解有些人容易受到網路評論的影響，坦白說，剛開始時確實難免會在意。但隨著時間推移便越來越能體會，為這些言論過度耗費心神實屬不值。網路上形形色色的人都有，觀點各異，但並非所有意見都具備同等分量，值得人們認真對待。況且，那些質疑他人消費選擇的聲音，又怎會知曉當事人私下是否參與公益或以其他方式助人呢？行善與否，本是個人內在的選擇，而非需要攤開來向外界證明的義務。

更重要的是，每個人對理想生活的定義不同；只要行為不違法且在自身能力範圍內，任何人都沒有資格去隨意指謫他人的決定。無論是選擇極簡生活，還是願意偶爾犒賞自己，兩者本無對錯，更不該成為遭受批評的理由。因此，面對留言，我的原則是：若是正面、具建設性的意見，那就認真參考並從中學習；若只是情緒性的謾罵或空洞的攻擊，那就直接刪除了吧——既避免了無謂的爭端，也維持了版面的清爽。

其實這種情況與我們在工作或日常生活中遇到的並無二致。就像在教學評鑑裡，有些學生或同事的建議非常中肯且有建設性，目的是真心幫助你提升教學品質，例如提醒講課速度太快，或建議課程大綱可以更清晰。但是也總會有一些意見不僅毫無幫助，甚至讓人無從改進，因為其出發點或許並非善意，僅是為了挑剔而挑剔，甚至是憑空捏造的空洞批評。

關鍵在於培養辨識力：學會區分哪些意見值得採納吸收，哪些又純屬雜音干擾。當我們能做到這一點，就不易因無謂的批評而自我懷疑或動搖，更能專注於真正有價值的回饋，以此做為持續成長的養分。此外，我還有個體悟：無論在網路世界、職場還是日常社交中，我們固然應盡力做到體貼他人、避免造成困擾，但這絕不意味著需要去迎合所有人、討好全世界。畢竟，你不可能與每個人都成為朋友，更不可能奢望得到所有人的喜愛。

話說回來，隨著「倫敦五星級咖啡巡禮」越來越受關注，也展現出相對低成本、高回報的潛力，陸續有其他內容創作者和想經營ＩＧ的朋友來詢問，是否能組團一起去喝咖啡。他們認為獨自踏進五星級飯店仍然需要些許勇氣。不過，關於組團這件事恐怕還得再審慎評估……目前同行的大多是本就熟識的朋友。一方面我還是有些內向，另一方面這樣才能確保我不會因為某些不熟的網友可能過於「熱情」的舉動，不小心成為五星飯店咖啡廳裡不受歡迎的客人。

多角化經營

除了上述主題，我也會不定期分享一些與旅遊相關的影音與照片。光是二〇二三年，我探訪了十二個國家（包含回台灣），二〇二四年也去了十一國。雖然每次旅行多半是走馬看花、蜻蜓點水的體驗，累積下來的照片與影片素材量依舊相當可觀，若不好好利用實在有些可惜。如前所述，我的粉絲群對倫敦以外的內容反應相對平淡。仔細分析後，這其實不難理解：畢竟社群媒體上製作旅遊內容的創作者早已多如牛毛，從花費半小時鉅細靡遺介紹景點的YouTuber，到僅用十幾秒快速捕捉城市亮點的TikToker或Reels創作者，這個領域的競爭可謂異常激烈。

那麼，明知粉絲興趣不高，為何仍堅持發布這類內容呢？這有部分也是我從身邊年輕朋友那裡學到的寶貴一課。首先，是為了觸及新受眾。演算法會將旅遊相關影片推薦給對旅行感興趣的使用者，而這群人中有不少也對體驗五星級飯店抱持開放態度，可能因此成為我的新粉絲。其次，是為了避免既有粉絲產生審美疲勞。再怎麼奢華的五星級飯店，若日復一日地呈現，難免讓人感到單調；偶爾穿插壯麗的金字塔風光或迷人的南法蔚藍海岸景色，正好能為內容注入新鮮感，豐富整體的視覺體驗。當然，還有個很重要的原因：旅遊本就是我個人的熱情所在。

其實這種做法也與行銷及品牌經營教科書裡強調的「多角化經營」不謀而合。企業不能永遠只依賴既有客戶，必須持續開發新客源，才能確保永續成長。經營個人品牌或社群媒體帳號亦是同理。就像大多數產品終有生命週期，再熱門的主題，總有一天也會面臨熱度消退。如果屆時沒有新的內容主題能及時遞補，粉絲成長便可能停滯，甚至轉為流失。

那麼，該如何確保總有新主題能「無縫接軌」呢？關鍵就在於：平時要有意識地、持續地嘗試新方向，測試市場水溫與反應。如此一來，當舊話題的熱度逐漸降溫時，才能從容地將重心轉移到已驗證具有潛力的新主題上，從而維持頻道的活力與關注度。

第三點，或許也是最關鍵的一點，就是管理好商業化的觀感。對網紅或內容創作者而言，如果粉絲看到貼文的第一反應是「這肯定是業配」或「又要賣什麼了？」，那麼無論內容是否真為推廣，都可能傷害到形象、侵蝕信任感。如果說「素人」的真實感與「明星」的光環是天秤的兩端，那麼網路影響者就必須在這之間尋求精妙的平衡，既要維持讓人有共鳴的親切感，又不能讓內容淪為純粹的商業廣告牆。（當然，也有部分網紅目標清晰，專注於業配與帶貨，那又是另一種經營模式了。）

有趣的是，發布知名城市或景點的照片、影片，似乎有助於強化這種得來不易的「真實感」。推測原因，或許在於大眾普遍認為大型的城市行銷案通常會邀請家喻戶曉的明星代言，例如瑞士就曾請退役網球天王費德勒擔任全球形象大使。因此，相較之下，影響者的個人旅遊分享在粉絲眼中可能就顯得不那麼「廣告」味。

但現實情況也未必如此絕對。僅是過去幾年，美國中西部某些大城、東歐某國首都，以及中國某些省會都曾邀請粉絲數達十萬以上的網紅前往觀光，機票食宿全包以換取協助宣傳。這也意味著，有時看似純粹的旅遊分享，背後仍可能有商業合作，更凸顯了維持整體內容平衡的重要性。

警探梅芙的巡邏日記

在研究各種社群媒體主題時，我注意到一個自己或許不適合，但卻極具潛力的方向——記錄職場生活點滴。以警員梅芙為例：她成長於愛爾蘭的鄉間小鎮，大學時前往里茲（Leeds）主修犯罪學。畢業後，加入警隊似乎是順理成章的選擇。不過她並未選擇留在當地，而是決定南下，加入了更具挑戰性的倫敦警察廳（Metropolitan Police Service）。如同許多懷抱憧憬的年輕人，她渴望到這座國際大都會體驗一番。幸運的是，梅芙被分派到倫敦著名的富人區雀爾西（Chelsea），從基層的街頭巡邏警員做起。

在雀爾西這樣的區域，重大刑事案件通常不由梅芙這類前線巡邏警員直接處理。她的日常勤務更多是在街區巡邏，維持清晰可見的警方存在感。對她而言，最「刺激」的狀況大概也就是追捕逃票的街友，或是勸導喝多了的居民切勿挑戰公權力——整體而言算是相對平穩且安全的執勤內容。利用勤務空檔，梅芙開始將巡邏途中的所見所聞分享到ＩＧ上，沒想到意外吸引了大批粉絲。隨著關注度水漲船高，她也開始收到一些餐廳的合作邀約。我們正是在一次共同受邀、品嚐「地獄廚神」高登．拉姆齊（Gordon Ramsay）旗下某間熱門餐廳新菜單的場合上認識的。

那天的情景至今仍記憶猶新——梅芙就坐在我的正對面。當時，四周其他的女生正熱烈地討論著新菜色，以及各自經營ＩＧ的心得，相較之下，梅芙明顯有些被冷落，看起來百般無聊。於是我便主動攀談。當她提到自己是警察時，原本熱絡的餐桌氣氛瞬間凝結了一秒。緊接著，所有人的注意力立刻轉向她，開始七嘴八舌地抛出各種關於居家安全與防身術的問題。頃刻間，她成了全場的焦點。梅芙也毫不藏私，知無不言、言無不盡地解答大家的疑問。

起初或許還有人私下嘀咕，像梅芙這樣外貌出眾的女生在警隊裡會不會只是個「花瓶」，或是男女平權下的「樣板人物」？直到她隨意脫下外套，露出底下結實的手臂肌肉線條，眾人頓時爆發出一陣驚呼，現場氣氛更是瞬間被點燃。後來幾次相遇，情景也都大同小異，她總能輕易成為話題中心。

之後有一陣子沒見到梅芙，好奇之下點進她的ＩＧ，卻發現帳號已設為私人狀態。直到幾個月後，在另一次餐廳試吃活動上才又與她巧遇。我們都忍不住好奇，圍上去追問她的近況。原來她前陣子參加了升等考試，並順利晉升為警探。這不僅意味著她不必再負責街頭巡邏勤務，薪資待遇也顯著提高。在場的女孩聽聞後紛紛向她道賀，還興奮地改口直呼她「警探」。

沒想到，梅芙卻只是苦笑著搖搖頭，坦言升職後的生活遠不如想像中那般美好。成為警探，固然不用再日曬雨淋地巡邏，但隨之而來的是開始處理重大刑事案件，其中不乏駭人聽聞的凶殺案。每次案件結束都讓她感到身心俱疲，甚至對人性感到越來越悲觀。除此之外，調查中的敏感案件本就不宜對外公開，而新上司也多次暗示，甚至明講不太贊同下屬在社群媒體上過度曝光個人生活。身為團隊新人，梅芙為了避免不必要的麻煩，索性暫時隱藏帳號。

她再次苦笑著補充，這陣子的工作壓力實在太大，迫切需要參加這類輕鬆的活動來感受一下「正常人的生活」。所以，今天是另一位朋友特意帶她來參加試吃，好讓她能暫時抽離那個充斥著罪犯與受害者的世界，獲得片刻的喘息機會。

創作路上冷暖自知

在「偽網紅」的這段旅程中，我結識了形形色色的朋友：有像歐仙娜那樣全職投入內容創作的，也有像警界的梅芙，因為上司與組織文化限制，最終不得不放棄網紅之路的。而包含我在內的許多人則處於這兩者之間——只要不影響本職、不違反資安或法規，多數公司其實並不嚴格禁止員工經營個人社群，甚至將其視為副業也未嘗不可。畢竟多數雇主也明白，很少人會為此輕易放棄穩定的正職飯碗。

梅芙的故事也印證了我的觀察：若工作本身夠特殊有趣，確實具備成為吸引流量的潛力。然而，越是獨特的職業，往往伴隨著越多的規範與無形限制，且這些界線還可能因公司政策或主管更迭而變動。這正是以職場為主題的創作者必須時刻警惕之處。以個人為例，我從不在社群媒體上發布任何與學校或學生直接相關的影音圖文。倒不是缺乏素材，而是深知其中的分寸極難拿捏，稍有不慎便可能引發爭議。

再者，這趟旅程始終帶有「臥底體驗」的色彩，是一場探索不同生活方式的社會實驗。尤其在先前生病期間，學校這份正職工作所提供的穩定性與安全感，更是讓我深刻體會其價值，也因此從未真正動念要放下教鞭，全身心投入社群媒體。

當然，世事難料，誰知道呢？也許哪天粉絲數意外突破百萬大關，我的想法又會不同（笑）。說到底，若你的正職薪資不高，自己又年輕、敢衝、勇於嘗試，那麼全職投身內容創作，或許不失為一條值得探索的路徑。但最終仍需仔細衡量自身狀況、風險承受度和熱情所在，畢竟這選擇沒有標準答案，冷暖自知。

在下一章，我將分享一個意想不到的故事——為了拍攝吸引人的短影音，我竟然買了一輛保時捷。

Chapter 7
Fast car, fancy bags

不只保時捷，還要愛馬仕

工欲善其事，必先利其器。

一場「陽」謀

是的，你沒看錯，正如本章標題所述：我在意識清晰、身心健康的狀態下入手了一輛二手敞篷保時捷，主要目的是做為拍照和錄製短影音的「背景道具」。為了避免大家誤會我還有些精神狀態上的問題，容我稍做解釋。我們在倫敦的住處交通極為便利，地鐵、公車、火車四通八達，日常出行基本不成問題。疫情前，我們也秉持環保理念，加上倫敦的大眾運輸系統相當發達（這點倒和台北頗為相似），幾乎都是搭地鐵或公車通勤。

然而新冠疫情改變了許多事。為了減少搭乘大眾運輸的風險，也因為當時大家都嚮往人煙稀少的郊外，渴望透透氣，我們便入手了一輛二手Mini Cooper，主要用於週末出遊和偶爾的工作需求。這幾年來，這台小Mini確實忠實地載著我們夫妻倆上山下海，探索了不少地方。但歲月不饒車，它的各種小毛病也日漸增多。雖然單次維修費不算天價，可累積下來的問題也不少，繼續修理顯然已不太划算。

終於，在某個倒楣的早晨，老公開著Mini上班途中，它又一次突然罷工了。當晚他半認真半開玩笑地對我說：「或許……是時候該換輛保時捷了吧？」

像許多懷有赤子之心的男孩一樣，他心中一直有個小小的跑車夢——而且，重點是一定要敞篷的！理由？用他的話說：「這樣才能耍帥啊！」

我故作鎮定地思考了幾秒，然後用異常平靜的語氣回覆：「好啊，那你就去買吧。」

他明顯愣住了，大概以為我在說笑，追問道：「妳是說真的還假的？」

我則一臉認真地加碼補充：「當然是真的。趁你現在頭髮還算茂密，啤酒肚也還不明顯，趕緊買！這樣至少……還有那麼『一絲絲』耍帥的機會。」

說實話，答應得如此爽快，背後有幾個考量。首先，認識他這麼久，深知他不是個會衝動亂花錢的人。其次，我始終相信，凡事在能力許可範圍內想做就該趁早，對自己好一點總沒錯。當然還有第三點，也是最關鍵的一點（但暫時不必讓他知道）：這樣一來，我的短影音裡就能出現開著敞篷小跑車、優雅地駛向薩伏伊、半島酒店或四季酒店門口的畫面了！想像著門房恭敬地拉開車門，我如同電影明星般下車……嘿嘿，光是這個畫面就覺得這筆「投資」真是太值了！不過嘛，眼下我還是先扮演好全力支持伴侶實現夢想的模範妻子角色吧。

倫敦有位坐擁三十萬粉絲的網紅貝小姐（音譯），她最鮮明的標誌之一，就是那台粉紅色的古董Nissan Figaro。這是日產在一九九〇年代生產的雙門小敞篷，外型復古可愛，全球更僅剩沒幾台。在貝小姐許多爆紅影片中，這台粉紅費加洛都是焦點；她甚至曾開著它遠赴巴黎的精品飯店取景，不少英國品牌也指定她駕著這輛車出席活動。平時，其他網紅或公司也會向她租借這台「小粉紅」來拍攝，我就看過它現身柯芬園與美妝品牌合作，或做為活動現場的搶眼裝飾。畢竟粉紅色的車實在太討喜，不只年輕女孩，連我這阿姨看了都忍不住少女心噴發，猛拍好幾張照片。這不禁讓我盤算起來：或許，買輛保時捷也能達到類似的效果？

接下來兩個月，我們便展開了馬不停蹄的看車行程。連我自己都沒料到，那個原本對車子興致缺缺的人，此刻竟一頭栽了進去，展現出驚人的熱忱與精神投入。尤其在疫情期間，看車試駕的體驗更是特別：人與人之間都得刻意保持距離。或許是我們兩人看起來太老實？遇到的車商幾乎都異常乾脆，鑰匙隨手一丟，就放我們自己開上路試駕。我心裡不禁嘀咕：這也太大膽了吧？就不怕車子一去不回？甚至有幾家連駕照都沒檢查，就直接揮手放行。這下可好，光是試駕階段就讓我拍足了不少素材，簡直樂不可支。心中那「必須儘快搞定一台」的念頭也因此越發強烈。

畢竟這可是即將隆重登上ＩＧ版面的重要「行頭」啊！於是，從車身顏色、輪框造型到皮椅狀態，每個細節都逃不過我鉅細靡遺的檢視。最終雀屏中選的是一台午夜藍、配備黑色皮椅的入門款保時捷——敞篷，那是一定要的。

到了取車那天，我提議讓老公獨自去，美其名曰讓他好好沉浸在夢想成真的喜悅裡。他望過來的眼神裡滿是感激。殊不知，那天我除了確實工作纏身，心裡更重要的盤算是：待在家裡，專心研究哪家五星級飯店最適合上演一場華麗登場的「優雅下車秀」——這可是新車入手後第一支亮相影片的重頭戲啊！

「不」優雅的下車秀

那麼，這台夢想中的保時捷最終讓我上演了幾次優雅的下車秀呢？答案是「半次」。理想總是豐滿，現實卻異常骨感。首先，倫敦的五星級飯店門口根本沒幾個地方容得下我從容停車、款款下車。其次，那些門前哪個不是千萬級豪車雲集？真正的頂級豪車！一台小小保時捷在這些車中間根本不算什麼。光想到得在那些「牛」啊「馬」啊之間穿梭，壓力就大到讓人只想快閃，哪還有心思表演什麼優雅？

那「半次」究竟是怎麼回事？不甘心的我，腦筋動到了身形、髮型都頗為相似的弟妹艾莉兒頭上。沒錯，就請她來當替身！她畢竟是個開車老手。向她提出這個「優雅下車秀」的拍攝計畫時，她第一反應簡直驚恐萬分——既怕要在名車陣中穿梭的壓力，更怕車有個什麼三長兩短。不過，艾莉兒向來是個心細膽大的姑娘，最終還是點頭答應了。我甚至隱約感覺到，她其實對這個有點瘋狂的企劃挺好奇的，甚至有那麼點躍躍欲試。

為求萬無一失，也為了降低風險，行動地點選在門面相對寬敞的四季酒店，時間則挑了行人稀少的倫敦週日清晨，來進行這場「替身大作戰」。敞篷預先打開，我還仔細地幫這位「替身演員」別上我常用的髮飾，務求背影能以假亂真。一切就緒，只見她背對鏡頭帥氣地揮了揮手，接著猛地一踩油門——車子「咻」地一聲衝了出去！留在原地的攝影師與導演（也就是我），當場被嚇得魂飛魄散！萬幸當時天色尚早，街上幾乎沒人沒車，這才沒釀成什麼驚險意外。

抵達四季酒店門口，服務生殷勤地上前開門。原以為艾莉兒能一氣呵成，優雅落地，再踏著模特兒般的穩健步伐，在服務生響亮的「歡迎蒞臨四季！」中翩然步入大廳。誰料，她竟在低矮的跑車座椅裡掙扎了好一會兒，才略顯狼狽地站起身來。事後她解釋：保時捷車身太低，座椅又斜，跟她平時開慣的休旅車、房車差太多，加上毫無心理準備，差點就「卡」在裡面起不來了！

好吧，既然人都來了，索性連「上車秀」也一併拍了吧！於是我舉著手機跟在艾莉兒身後，記錄下她坐進車裡、繫上安全帶、伸手準備放手煞車……然後就卡住了，沒有然後了。只見她尷尬地朝我招招手，等我湊近，才壓低聲音說：「這手煞車太重，我放不動……」旁邊的四季門房小哥已經快憋不住笑了。

回到家後，家人們聽聞這番「壯舉」，都語重心長地勸我趁早放棄這個不切實際的計畫。其實就算他們不說，我心裡也有數，這場「優雅下車秀」的鬧劇恐怕是演不下去了。且不說平時倫敦車水馬龍，根本問題在於艾莉兒並不住在倫敦，無法長期配合。不過這趟瞎折騰倒也不是全無收穫——我趁亂幫老公錄了好幾段帥氣上下車的英姿，這下可真是讓他白撿了個大便宜！想想看，既然「替身演員」也上場了，老公的帥照也拍了，這次行動勉強就算個「半次」達成吧。

這台被寄予厚望的保時捷「道具車」，最終成了老公的大玩具兼日常代步工具。可惜好景不常，兩年後它在一場無情大火中燒成了廢鐵。這段驚心動魄的火燒車故事且容我賣個關子，留到最後一章再細細述說。

後來有天早晨，我去梅菲爾的康諾特飯店用早餐，剛到門口，一抹熟悉的亮粉色便映入眼簾——果然是貝小姐和她的粉紅費加洛。只見她把握住飯店門前車輛稀疏的片刻，駕著小車繞著飯店一遍又一遍地兜圈拍攝。每跑幾趟便停車檢視畫面，確認效果後才繼續下一輪。就這樣從清晨七點一路忙到八點多，她才稍事休息。親眼見證到這一幕我才更深刻體會，她那三十萬粉絲絕非浪得虛名，背後是扎扎實實的投入與堅持，遠非隨意拍拍就能達成。同時也讓我反思：對於多數微網紅而言，斥資買車專為經營社群恐怕不實際，投入的成本也過於高昂。

有錢好辦事

砸錢能加速粉絲數成長嗎？這問題的答案，是，也不是。

對某些含著金湯匙出生的「準網紅」而言，買台車當道具根本只是九牛一毛。就拿沙烏地阿拉伯的法蘭西絲來說，我看她每次來倫敦拍攝，那陣仗都堪比時尚大片的製作現場：司機、攝影師、化妝師，外加兩名助手，標配齊全，一個不少。

我怎麼知道的？因為在街頭或活動上碰到她不只一次，每次都讓我暗自嘀咕：這到底是哪位好萊塢巨星來拍片，還是哪國王妃駕到血拚？法蘭西絲活脫脫就像是《璀璨帝國》的中東真人版女主角，花錢如流水，眼睛都不眨一下。她的衣帽間裡，各色愛馬仕包堆積如山，加上那些一看就價值連城的珠寶腕錶——金錢對她而言顯然從來不是個問題。

法蘭西絲顯然把成為網紅視為一種自我實現。她也曾說過，砸錢不等於能買到粉絲，終究得靠自己努力，創造出夠吸睛的內容。這話某種程度沒錯——撇開直接買假帳號這種操作不談，經營社群媒體確實大多是從零粉絲開始。然而「有錢能使鬼推磨」這句老話在這裡同樣適用。當你擁有雄厚財力，能源源不絕地購入最新精品，展示奢靡生活，還有一整個團隊幫你打理妝髮、拍攝、甚至代管帳號時，粉絲數的成長速度自然遠非一般人所能企及。

有次在寶格麗飯店喝咖啡，進行我的「倫敦五星級咖啡巡禮」時，偶遇法蘭西絲正與幾位同樣氣質高雅的中東女士享用下午茶。她們那些價值不菲的精品包就那樣隨意地擱在桌上或靠在椅腳邊，看似漫不經心，實則自成一道風景。忽然間我有了個靈感。透過一些巧妙的設計，「倫敦五星級咖啡巡禮」的奢華氛圍或許能再升級一個層次！

如果說那台保時捷算是一筆不太成功的「道具」投資，那麼我從二十歲起陸續收藏的各式包包，現在終於有了絕佳的「出鏡」機會。它們不再只是日常穿搭的點綴，更能搖身一變，成為「咖啡巡禮」中搶眼的配角——甚至有時是畫面主角！

無論是隨興地搭在椅背上，還是精心布置在桌面一角，這些包包都能瞬間為照片增添層次與奢華氛圍，讓畫面更有質感和故事性。更棒的是，它們還能充當「擋箭牌」，巧妙擋掉背景裡不相干的人事物，比如其他顧客的身影、洗手間的標示，甚至窗外略顯髒亂的街景，確保鏡頭下的世界純粹又精緻，散發出恰到好處的質感與品味。當然，不可否認，這也成了我添購新包的完美藉口。我總是這樣告訴自己：女人的衣櫃裡永遠少一件衣服，而女人的收藏裡也永遠缺一只更「上鏡」的包！

同樣熱愛拍攝奢華餐廳飯店的朋友麗莎，最近跟我分享了一段哭笑不得的奇遇。她受邀去肯辛頓一家頗有名氣的義大利餐廳試吃——那家店就在哈洛德百貨附近，總是高朋滿座。當天餐廳氣氛熱鬧，麗莎正專心拍著美食，卻冷不防從鏡頭裡瞥見一個驚人的背景人物——竟然是搖滾巨星洛·史都華爵士（Sir Rod Stewart）！老爺子顯然以為麗莎在偷拍他，臉色不怎麼好看。

不一會兒，洛爵士[10]果然起身走了過來，語氣還算客氣，但明顯帶著無奈：「小姐，如果我跟妳合個影，妳能不能在我吃完飯之前先別拍了？」麗莎趕忙解釋自己是受餐廳邀請來拍食物的內容創作者。結果回頭看照片才發現，還真是尷尬，幾乎每張照片的背景裡都有洛爵士的身影，甚至還有他大快朵頤的畫面！

最終，麗莎還是婉拒了合照的「提議」，畢竟答應了餐廳的工作要完成。據說洛爵士聽了更不高興了，沒多久就草草結束用餐，匆匆離去。事後麗莎懊惱地對我說：「早知道就聽妳的，帶個能擋背景的大包包出門就好了！說不定洛爵士就不會那麼不高興，搞不好我們還真能拍張合照呢！」我聞言笑著回她：「是吧？上次揪妳一起去小愛（Hermès）看包，妳還嫌沒必要呢……」

我是大學教授，我需要柏金包嗎？

仔細研究了法蘭西絲的ＩＧ帳號，又回想起那天與她見面的情景——鏡頭前最吸睛的那只包果然非愛馬仕莫屬。所謂「工欲善其事，必先利其器」，在這個世代裡，一只包不僅是配件，更是社群敘事的一部分。或許我也需要個愛馬仕包包。

10 關於英國爵位頭銜的有趣小知識：不可世襲的榮譽爵位（如OBE與CBE）頭銜可以與授勳者的全名搭配，或僅使用名字，但不會單獨與姓氏搭配。舉例來說，洛·史都華擁有CBE的榮譽頭銜，因此可以稱他為Sir Rod Stewart或Sir Rod，但不能稱他為Sir Stewart。這與華人習慣以姓氏加職稱或尊稱的方式有所不同。可世襲的爵位（如公爵、侯爵與伯爵）則又有另一套規則，不過這就不在此贅述了。

不過大家都知道，這些年愛馬仕的三大王牌——柏金、凱莉與康斯坦斯（俗稱康康）可不是你走進店裡說「我要」就能買到的。至少在英國，你得先進到實體店面，由專人為你登記所謂的「願望清單」（Wish list）。

這個流程本身就已經篩選掉不少人。首先，一個人只能在一個國家的其中一家分店登記，且同一個人名在系統中只能存在一次。也就是說，你無法在倫敦這家登記後，又跑去曼徹斯特或英國其他店再登記一次。而且，柏金與凱莉只能擇一登記，不能貪心兩個都選。還得清楚告訴對方你想要的尺寸、皮革材質、顏色偏好、配件五金的色調……這不是購物清單，是像極了訂製夢想的儀式。

登記時，店員會要求電子郵件與英國地址，並強調只會透過該Email與你聯繫一次。等到有七成符合你條件的包包出現時，他們才會主動通知，並請你在五天內親自到店領取。如果錯過，那就重新來過。至於要等多久才能收到通知？那就看你想要的款式熱門與否。像二十五公分的柏金包，搭配黑色、大象灰或金棕色這類熱門「三大金剛色」，等待時間往往是一年起跳。

如果不想等呢？有些國家或是地方則存在「配貨機制」[11]：若想購買一個價值約九千英鎊（約新台幣三十七萬元）的愛馬仕柏金包（只是一般皮革，還不是少數稀有皮革），店員往往會明示或暗示，你必須先購買其他商品以達成配貨要求。這個「配貨比例」通常為一比一，也就是說，你必須再花上九千英鎊買其他商品，才可能有機會買到這只包。有時候甚至會高達一比二，代表總共可能需要先購買價值一萬八千英鎊的其他產品——還往往不是熱門商品，常常是一些家飾品，例如茶杯餐具等等。

這套「配貨文化」也衍生出不少問題。像是有些業務會希望或「暗示」客人再多買一點，那要多買多少呢？沒有人真正知道確切數字，感覺蠻黑箱的。但是愛馬仕的官方卻又說沒有這回事。然後另一個最常見的問題就是店員離職後配貨記錄被遺忘，甚至出現翻臉不認帳的情況。但即便如此，這些風險從未真正阻止過全球無數女孩對夢幻包款的渴望與追逐。二〇二四年，全球奢侈品市場普遍陷入低迷，連LVMH集團、香奈兒與勞力士這些業界龍頭也難以倖免。在一片疲軟聲中唯有愛馬仕逆勢成長，穩坐金字塔頂端。

雖然有乖乖登記了願望清單，但那緩不濟急。而且「配貨文化」實在不適合我，怎麼感覺買個東西還要看臉色？No No No……最重要的是荷包也無法負荷。那該怎麼

---

11 有時稱Hermès bait（誘餌）或Hermès game。

辦？如果不想等這麼久，要怎麼拿到包包呢？我開始做「研究」。幸好身處全球富豪密度名列前茅的倫敦[12]，這裡的二手奢侈品市場既成熟又相對有保障。在精品寄售店裡或二手精品商店，各式各樣的柏金包、凱莉包與康康包應有盡有，任君挑選。對住在寸土寸金的倫敦市中心的成功女性、富太太與千金小姐來說，愛馬仕的基本款或許太占空間了吧？

尋尋覓覓（包含網路搜尋）並且到處探訪這些精品店，我很快就相中了一個金棕色、可斜背的 Kelly Sport。這是一個二手的古董包，愛馬仕已經沒有出的商品，拿到手那一刻自然是激動萬分。背著它穿梭於梅菲爾、肯辛頓與雀爾西等所謂的富人區時，確實捕捉到不少目光。但說實話，我並沒有感受到大家所說的那種「魔力」。身為行銷教授，理性如我開始懷疑：愛馬仕，會不會有點過譽了？

直到我遇見它——一只深藍色、三十公分、銀釦的柏金包。

某天在騎士橋（Knightsbridge）逛街時，它安靜地躺在櫥窗裡，一眼就勾住了我的魂。那深藍與銀釦的組合低調卻耀眼，彷彿在跟我招手。走進店裡請店員拿出來，一上手就感受到那不同凡響的魔力。亞瑟王拔出石中劍的那一刻大概也是這種感覺吧？雖然不是熱門的「三大金剛色」，但搭配起來實在太好看，三十公分的尺寸更是恰到好處。

回到家後一直左思右想，或許應該說朝思暮想，掙扎了幾個月後，我終於下定決心把它帶回家。

一方面是心想：「天哪，這樣好嗎？我只是個窮窮的老師啊，真的要花這麼多錢買個包包嗎？會不會太浪費了？」但另一方面，也有一種微妙的幸福感湧上心頭：一把年紀了，辛苦工作了這麼久，終於也能負擔得起一些「比較好的東西」，而且女生嘛，對自己好很重要，對吧？況且用辛苦工作的錢來犒賞自己，買自己喜歡的東西，沒有什麼不對啊！至少我是這樣告訴自己的。雖然有點膚淺，但這就是我最真實的感受。這也是為了拍片嘛！東西有實用的價值。對啦，這就是讓我刷卡下去的最後一根稻草。除了可以拿來用，還可以拍照跟錄製短影音（真是個好藉口對吧）！你就再次知道我對經營社群媒體這事有多瘋狂了。

接下來的日子就是帶著心愛的柏金包征戰各大五星飯店、喝咖啡、拍短影音。沒錯，買包的初衷之一就是為了做出爆紅的影片與增加粉絲與追蹤數。事實證明，有柏金

12 以十億美元資產為底線，倫敦一度為全球最多富豪聚集的城市。二〇二五年則在二至七名之間（各家研究中心的計算方法略有不同）。

包入鏡影片的後台數據表現確實比其他包款（包含凱莉與香奈兒）來得更亮眼，不是錯覺也不是自我安慰，而是有實實在在的後台數據支持。有幾次我還背著它進了校園。一開始有些猶豫，深怕被「老大們」看到會不好，想說我們這個行業和其他行業比起來相對保守。但結果證明我多慮了——只有幾個眼尖的學生「似乎」有注意到而已。所以在一個不是那麼以時尚流行為重的工作環境，這倒也算是一種意外的好處吧。

不只擁有網紅配件，更是一場真實演出

我當初真的只是想補齊「一位網紅兼職業婦女應有的配件」，畢竟我已有幾個香奈兒和YSL的包包了。

只是在意志不堅定與社群媒體的推波助瀾下，我的參考框架（frame of reference）忽然被重塑了。現實生活中，我們的比較對象多半是朋友、同事或鄰居，比較通常發生得較為自然——可能只是偶爾注意到對方背了什麼包，不至於日復一日提醒自己「還缺了什麼」。但在社群媒體上，這種比較是系統化的：演算法不斷推送你「可能會喜歡」的生活方式與穿搭美學。比較對象也不再是你身邊的人，而是世界各地看似遙不可及的名媛、模特兒，甚至最令人沮喪的——那些看起來像是你周遭朋友的網紅們。

久而久之，那原本對精品「夠用就好」、「有就好」的心態開始動搖。這並不是一夜之間的轉變，而是潛移默化的滲透。原本只是想補一只愛馬仕，結果卻開始研究起怎麼買，還有「配貨」規則、拍攝角度、開箱流程……甚至幻想哪一款包最能呼應哪一條短影音的主題。社群平台上的表現逐漸成為衡量自我價值的隱性指標。你不再是為了生活而購物，而是為了內容而生活。

嘴上未必會說出口，但心裡總有個聲音默默呢喃：「只要再一個愛馬仕（或其他奢侈品），我就會滿足了。」精緻奢華本已令人著迷，加上社群媒體，便更容易令人上癮。再一個，然後再一個——永無止境。這不只是對物質的渴望，更是一種對認可、點讚與被觀看的渴望。

也正因為如此，當那只深藍色的柏金出現在櫥窗裡時，我除了驚艷，還有種莫名的預感：「這只包，如果有它的出現，可能會讓我製作的短影音爆紅。」一方面說服自己，這已經不是單純的消費行為，而是一場精心策劃的內容投資；另一方面心底也知道，這依然是消費——只是披上了社群內容創作與增加短影音曝光的外衣。

這在某種程度上也呼應了現代行銷的本質：不只是產品，而是一種敘事；不只是擁有，而是一場展演。

除了幾款適合的包包外，一副（或幾副）大鏡框、深色鏡片的太陽眼鏡也是值得投資的配件。特別是鏡臂上帶有醒目品牌logo的款式，或許聽起有點膚淺，但那視覺衝擊力與記憶點的效果確實驚人。雖然太陽眼鏡在室內場合不像包包能大面積遮擋背景，但隨手放在桌上，也能立刻為整體畫面增添一抹時尚亮點，成為獨特的個人風格標誌。到了戶外，太陽眼鏡的實用性更是不容小覷——除了提升造型感，還能在懶得化妝或眼圈過深時，輕鬆一戴就能完美入鏡。這也是我推薦選擇大鏡框、深色鏡片的原因。

在此必須強調一點：選擇哪些道具入鏡，無論是車、包包、太陽眼鏡，還是其他配件，絕不能隨意為之。因為這些看似尋常的物件，實則對你的網路流量與個人品牌經營產生兩個層面的關鍵影響。首先，它們是你「個人品牌的延伸」（extended self）。網路世界的觀眾無法全面了解你，只能透過有限的視覺線索來拼湊對你的認知。你所使用的道具便成為他們判斷你風格品味，甚至社會身分的重要依據。

其次，這些道具往往也展現了你的「文化資本」（cultural capital）與「象徵資本」（symbolic capital）。當行銷公司或品牌方評估潛在合作對象時，除了內容本身，也必然會考量創作者與自身品牌的「契合度」。在對你的背景了解有限的情況下，你日常使用的物品很可能就成了他們判斷你是否「匹配」的重要參考。

這並非鼓吹一味追求昂貴，不是說越貴的眼鏡、越稀有的包包就越好。關鍵在於你選擇的道具必須精準地符合你的個人品牌定位，能夠有效地傳達你想要塑造的形象與風格，與你的內容相得益彰。

除了包包和太陽眼鏡這些「出鏡」道具外，我實際使用的拍攝器材其實相當精簡。主力就是一支蘋果手機——它輕便易攜，操作直觀，最重要的是，比起扛著專業相機，用手機拍攝比較低調，不容易引人側目或招來反感。雖然手機畫質的細膩度難免略遜於專業相機，但在光線充足的條件下，依然能拍出質感不錯的畫面。收音效果確實不算頂尖，但除非要做街訪之類的特殊需求，日常記錄已經堪用。真有需要加強收音，可添購一個小型外接麥克風，成本不算太高。

我也曾跟風買過一個簡易補光燈，畢竟很多網紅都推薦。但實際用下來才發現，許多餐廳或咖啡館昏暗氛圍是刻意營造出來的，一旦被補光燈打亮，雖然看清了細節，卻也破壞了那份獨特的美感，畫面反而顯得廉價、失去格調。結果，這補光燈對我而言成了食之無味、棄之可惜的雞肋，使用次數屈指可數。還有一項常被某些網紅視為「必備神器」的設備，我個人認為其實沒那麼必要——那就是空拍機。說到這個，就不能不提那對技藝高超的無人機玩家——雙胞胎姊妹卡洛蘭與娜蒂雅了。

無人機高手與埃及驚魂記

記得那是二〇二二年聖誕節前的一個清晨，我和老公來到倫敦著名的精品大道龐德街捕捉節日氣氛。走到卡地亞（Cartier）旗艦店門口時，卻發現一對靚麗的雙胞胎姊妹早已搶占了最佳拍攝點。卡地亞的聖誕裝飾向來是全球矚目的焦點，每年臨近節日，無論倫敦、巴黎還是紐約，卡地亞門前總是人頭攢動，大家都翹首期盼著今年的新花樣。也因此，總是很難拍到乾淨的畫面。

那天是週六，我們特意起了個大早，就是希望能趁人少時好好拍幾張照片。沒想到剛抵達就看到這對容貌幾乎一模一樣的女生：一人專注掌鏡，另一人則變換著各種姿勢，兩人配合得天衣無縫。我上前禮貌地問了句，是否需要幫她們拍張合影。兩人聞言又驚又喜，連連點頭——看來我們的出現正好解決了她們想拍合照卻無人幫忙的窘境。

閒聊幾句得知，她們是來自斯洛維尼亞的卡洛蘭與娜蒂雅。不過，老實說，直到她們離開，我還是沒能完全分清誰是姊姊，誰是妹妹。但這似乎也不太要緊，因為她們倆共用著同一個ＩＧ帳號。

能認識卡洛蘭與娜蒂雅也算是一種奇妙的緣分。因為那天她們純粹是以觀光客的心情來拍照，與兩人在社群媒體上主要的創作風格——壯闊的自然景觀——大相逕庭。她們擅長運用專業空拍機，最具代表性的畫面往往是姊妹倆悠閒地躺臥在美景環繞的草地或小船上，由無人機從高空俯拍而下，營造出唯美、空靈又充滿自由氣息的獨特氛圍。那種風格幾乎無人能模仿。當時她們已累積了八千粉絲，我暗忖，以她們的才華和特色，美女配上美景還有高超的攝影技巧，粉絲數肯定會快速增加。

聖誕節後，我們又在倫敦幾個景點不期而遇了幾次。深入了解後才知道，這對來自斯洛維尼亞的姊妹憑藉著之前的歐盟身分已在倫敦生活數年，過著白天上班，偶爾在咖啡廳兼職，同時接洽旅遊景點業配的斜槓人生。

然而，兩人也坦言，或許不久便會離開英國。一方面她們感覺脫歐後的社會氛圍對外來者不如以往友善；另一方面，倫敦高不可攀的物價與生活壓力也確實讓她們有些喘不過氣。她們還提到，倫敦的觀光行銷早已極度飽和，似乎不差她們兩人錦上添花；更關鍵的是，市區嚴格的空拍機管制讓她們無法施展最擅長的攝影專長，也成為了萌生去意的主要原因之一。

春末夏初之際，我收到了卡洛蘭與娜蒂雅的私訊，告知即將搬往東南亞。接下來的一段日子裡，我便在她們的帳號上看到了許多為越南、泰國當地旅行社及觀光局操刀拍攝的精采作品。一如既往，每張照片、每支影片，都展現出令人讚嘆的專業水準。

受到這對姊妹的啟發，我也添購了一台空拍機，滿心期待能為旅遊與餐飲相關內容增添更多震撼的視角。然而，很快就發現倫敦適合飛行的地點寥寥無幾，而五星級飯店與奢華餐廳內更是完全無用武之地。不僅如此，我還差點因此闖下大禍。

二〇二四年我啟程前往埃及旅行，心心念念著終於能讓空拍機大展身手了。腦中早已勾勒好畫面：老公負責操控空拍機升空，自己則緩緩奔向雄偉的金字塔與人面獅身像——那畫面想必會無比壯闊吧！然而，當真正佇立在金字塔旁時，一種敏銳的直覺悄然升起：為何此地竟無一人使用空拍機？難不成我會是第一個想到用空拍機捕捉這世界奇景的「幸運兒」？此刻恐怕並非拿出空拍機的好時機。別問理由，純粹是一種強烈的第六感。

當下趕緊掏出手機上網查詢，這才驚覺：埃及政府對民間空拍機的管制極其嚴格，未經許可的空拍機甚至可能在入境時就被海關直接沒收。心頭一凜，不禁納悶：那這台空拍機究竟是如何一路暢行無阻，悄悄混過關卡的？當然也要怪自己出發前沒先做好功課。得知此訊息後，空拍機自然再也不敢輕易在接下來的整趟旅程裡露面。然而我內心始終提心吊膽，深怕出境時會被海關攔下盤查，甚至面臨鉅額罰款。直到飛機起飛、順利離開埃及領空的那一刻，懸著的心才總算落了地。

從埃及回來後，那台空拍機便一直靜靜地躺在家中角落，像個蒙塵、被冷落許久的玩具。每次無意間瞥見，彷彿都能感受到它無聲的怨念，像是在質問：「大費周章把我扛到埃及，結果連一張照片、一段影片都沒拍到，這到底算怎麼回事？」

每當此刻，只能在心底默默安撫它（也安撫自己）：「拜託，你能安然無恙地回來，我也沒被海關請去『小房間』喝咖啡，更沒因此滯留當地，這趟驚險之旅能全身而退，已經算是皆大歡喜、功德圓滿了，好嗎？」

Chapter 8
The Illusion of Reality

現實的幻象

短影音是精華片段，並不是真實生活。

帶著你一起遊倫敦麗思飯店

不論是網紅或者內容創作者，在經營自媒體的很多時候就像是個一人電影公司——有編劇、攝影師、道具、主角，甚至還有臨時演員（比如中氣十足的文華東方酒店門房）。當我進行「倫敦五星級咖啡巡禮」計畫時，雖然已經不算新手，卻總覺得導演功力還能再精進。

記得是二〇二三年的聖誕節，我們與朋友相約在倫敦麗思飯店小酌。聖誕季節的麗思嘛，儀式感自然要做足，盛裝赴會是必須的——不單是為了見朋友，更是為了後續要發的短影音與照片素材。因為平常工作忙，所以我都秉持著出來一趟要可以剪輯出很多個短影片。聽起來有點貪心？沒錯，但這就是我，總是一心多用多工處理。

為此我特意挑了一件黑色長禮服。當然不能選那種會拖地的款式，畢竟還是有可能在要戶外走動。但長度依然得夠，最好及踝，而且設計上必須帶點「特別」，藏著些許

「小心機」。為什麼要這麼講究？理由無他，就是為了那份「氣勢」！少了點巧思，總覺得氣場上就弱了一截。那麼這「小心機」到底是什麼呢？是這樣的：這件洋裝正面看再正常不過，甚至披上西裝外套後，白天直接進學校開會或教書也絕不顯得突兀。但真正的玄機藏在背後——嘿嘿，是一大片的鏤空設計！

穿上這身精心挑選的「戰袍」後，我偷偷觀察了一下家裡那位「可愛的另一半」，想看看他是否覺得「老阿姨」這樣穿會不會太過火。結果呢，他老兄自己也打扮得西裝筆挺，正對著鏡子自我陶醉地整理著衣襟，似乎渾然不覺。為了確保他能注意到我的精心打扮（和那片美背），我還特地在他面前來了個「華麗轉身」。

「哇喔！今天穿這麼漂亮啊！看來我得拿出燕尾服了。」他開玩笑地說。

他算是思想很開明的人，畢竟是在米國長大的。我穿什麼向來不需要他同意，不過能得到另一半的欣賞總是會讓人開心。

「記得進門時幫我錄影加照相喔。外面很冷，希望能一次搞定。」我耳提面命提醒著。

不知是聖誕佳節的氛圍作祟還是冬日冷冽的空氣襯托，當我踏上麗思飯店的紅地毯時，門房那句「歡迎來到麗思！」比往常更加響亮且充滿儀式感。配上他們筆挺的禮帽與典雅的斗篷，每位踏入麗思的賓客，彷彿瞬間化身為《唐頓莊園》裡的老爺、夫人或千金小姐，優雅地步入這場奢華的冬日盛宴。

一進大廳，映入眼簾的是一棵高達三層樓的聖誕樹，金光閃閃，裝飾得如夢似幻。倫敦麗思酒店的聖誕裝飾，尤其是其大廳的布置，向來是全城最令人期待的年度節慶景觀之一。步入奢華的中庭，白色西裝的服務生殷勤待客，四周賓客談吐得體，背景則響起悠揚的管弦四重奏，交織出一幅優雅至極的畫面。難怪這裡深受英國王室青睞，成為他們時常造訪的場所。

與朋友的聚會自然是賓主盡歡。除了錢包略受打擊外，麗思一向不會讓人失望。這裡的耶誕限定奶蛋酒更是冬季必喝的最佳飲品，千萬不能錯過。回程的車上，老公輕哼著艾力・克萊普頓（Eric Clapton）的〈Wonderful Tonight〉，顯然心情甚佳。看來今晚是皆大歡喜，接下來就看我能編輯剪出多少支爆紅短影音了。

回到家，打開手機回顧剛剛拍的影片，卻不禁微微愣住了。由於地面濕滑，加上穿著長禮服與高跟鞋，結果所有的影片裡我都是背對著鏡頭——走進麗思、走向聖誕樹、走近弦樂隊、走進酒吧……這樣的畫面能用嗎？能剪出一支吸引粉絲的爆紅影片嗎？

事已至此，今晚也不太可能再回麗思補拍，只能盡量利用手上的素材，試著剪輯一支還算精采的影片。上傳到ＩＧ後我沒有特別高的期望，沒想到是好評不斷。「我好像跟著妳進到倫敦麗思」、「好像妳帶著我在麗思內走了一趟」……原本還擔心影片裡自己總是背對鏡頭，沒想到反而成了粉絲們熱議的焦點。有人問這是不是特意設計的拍攝手法，還有人詢問是否有致敬某個導演。我真想告訴她們——這一切不過是個美麗的意外。

這次的經驗讓我更確定了一件事，有時候，不露臉反而更能激發想像、更容易讓觀眾產生代入感。這點跟我們在廣告學裡所教的很相似。雖然露臉或使用熟悉的演員能夠增加觀眾的信任感，但有些成功的廣告即便演員不露臉，也能讓觀眾自行填補空白，並且加深對品牌的印象。尤其不露臉更可以給人自行想像的空間，反而可能更有效果。於是我特意挑選了幾件背後設計別緻的服裝，然後透過鏡頭，帶領觀眾進入五星級飯店，一起品味咖啡。這成了我個人拍攝特色。這個系列到底有多成功呢？容阿姨自賣自誇一下——竟然有好幾位跨國企業主管的祕書主動聯繫我，希望能幫他們的老闆訂位……他們還以為我擁有一間五星精品旅館或是在五星級飯店裡經營咖啡廳或酒吧呢！此外，也有蠻多位數十萬粉絲的網紅來信，希望能來我的餐廳試吃，或是來我的五星飯店拍片交換住宿。真是讓人啼笑皆非。不過這也代表他們覺得這系列短影音蠻吸引人的？

讓我舉白旗投降的直播挑戰

隨著「倫敦五星級咖啡巡禮」的標準作業流程逐漸完善，我開始思考如何突破現狀，實現粉絲數的飛躍式成長。想想我的個性，就是靜不下來、喜歡挑戰，也或許正是這種心態或是生活態度，讓我在職業生涯中偶有佳績，但一直不斷給自己功課挑戰，也給自己太多壓力將自己逼得進了醫院。這時，我回顧了ＩＧ的四大功能：貼文、限時動態、短影音和直播。前三者都已經嘗試過，唯獨直播還沒有開張。

有位固定直播的新加坡華裔留學生曾與我分享，她單月最高曾收到三千六百英鎊（約新台幣十四萬五千元）的斗內。這金額甚至超過許多新科助理教授的月薪，而且據他所知，有些直播主並沒有誠實納稅。即使是在較低迷或她較懶散的月分，仍能穩定獲得約五百英鎊（約新台幣兩萬）。她既不是帶貨主播，也沒有穿著暴露或聊一些不三不四的話題。至少在我偷偷觀察時，她只是與網友閒聊，內容相當日常。根據她的說法，許多留學生有錢、寂寞又無聊，讓直播打賞成為一個意外好賺的機會。我不期望有斗內，但如果能吸引到一些觀眾成為粉絲，那也不錯。

於是，我開始了「陪我散散步」系列直播，概念很簡單——每週二到三天，在家附近的公園或是富人區漂亮的房子街道旁邊散步邊直播，與大家聊天。我不用露臉，就是給大家看街道景色還有分享看到的東西。自己邊走邊解說，聽起來輕鬆，實際執行才發現困難重重。

首先，倫敦一年有一百五十五天在下雨，剩下的日子許多不是颳風就是陰冷，讓我經常狼狽不堪。如果硬要等天氣好才開直播，頻率就會變得極不穩定，難以吸引固定觀眾。其次，優雅地走路邊直播並與大家互動遠比想像中困難——一會兒要留意腳下的坑洞，一會兒要注意來往的車輛，稍不注意就可能出糗，甚至出意外。真的有幾次差點跌了個狗吃屎。除非再添購一個穩定器來穩住手機，不然畫面可能既晃動又失衡。然而在倫敦拿這些家私，哩哩摳摳的東西，不是可能撞到無辜路人，就是要提防手機和東西隨時被搶……光是想就累了，當然或許這也是我有點抗拒直播的藉口。

經過一個月的嘗試，我發現這樣行不通，於是決定改變策略，轉而在五星級飯店喝咖啡時直播，並將這系列命名為「陪我喝咖啡」。儘管擺脫了散步時面對的困難，新挑戰卻接踵而來。有些咖啡廳的空間較為狹窄，很容易將隔壁桌的客人錄進畫面。為了不成為令人厭煩的直播主，我必須找到合適的角落。然而，這樣的位置並非隨時可得。即使找到理想的角落，直播時的音量和動作仍然難免會引來咖啡廳裡的異樣眼光。我可不想成為奧客或是黑名單，被這些飯店拒絕往來。至於在家裡的小房間直播，雖然可行，而且有可能讓粉絲數增加，但是一個人對著螢幕講話，尤其是在社群媒體上，實在是比想像中更具挑戰性。說來好笑，自疫情開始，我每週都透過網路為學生授課，至今已經持續了五年，現在還在進行中，每星期依然有碩士班的線上教學。但是要直播面對粉絲，竟還是忍不住有些矮油。最終，要透過成為直播主來增加粉絲這件事，我決定暫時舉白旗認輸。或許這就是「休閒活動」與工作的差別？

以假亂真的人物設定

回到進五星級飯店不露臉這件事。經營帳號時不露臉是有利有弊。硬要說，或許還利大於弊。當然，這是個人的看法。我偶爾還是會分享一兩張露側臉的照片，一方面是為了保持與粉絲之間的真實連結，不要讓人家覺得這個帳號假假的，背後是個ＡＩ，而是有真人在經營，另一方面，這也能降低粉絲見到本人時大失所望的機會。

我聽法國的女姓朋友們說，有好幾個擁有大量粉絲的時尚網紅多年來始終保持神祕，從未露正面臉。法國朋友們說這樣拍起來比較有 vibes，也就是我們說的有 fu、有感覺。有些只是露出一些些側臉，最終還是在現實中被眼尖的粉絲認出來，無可避免地曝了光。隨後粉絲數量迅速下滑，網友們紛紛留言表示，無法將帳號主人的真實樣貌與自己長久以來的想像連接起來。甚至開始有惡意評論對其進行人身攻擊。

很多人似乎無法接受他們所追隨甚至愛慕的對象，與自己腦海中建構的那個形象有所不同。這種落差感往往無關外貌好看與否，更多是純粹的現實與幻想之間的差距。起初我總覺得這太不可思議了。但是經過這幾年的觀察與親身經歷，我才發現有些粉絲的「腦補」和識別能力真的很驚人。就拿我來說，雖然從未在網路上露過正臉，卻有好幾次在參加活動或是在餐廳吃飯時被人認出，這著實令我非常訝異。經歷了這些我才真正理解，為什麼有些內容創作者會選擇始終保持神祕，不願露臉了。

倫敦雖不小，但也不大，尤其是適合外拍的地方也就那幾個固定的地方。當帳號開始有些人追蹤後，要保持完全匿名幾乎是不可能的。與其等別人發現帳號後面是個老阿姨，不如自己偶爾分享一些側臉，大方承認我是個恐龍級的人物。

講到這，不禁讓我想起那些將網路與現實混為一談的粉絲與朋友們。當中最令人莞爾的誤會來自老公的球友。某個禮拜天他打完球回家，說要分享一件好笑的事。我以為他要講些棒球經，心裡不禁有些興趣缺缺。這裡得坦白一點——其實我看不太懂棒球。不是的，我身邊的人都愛棒球，而我經過多次嘗試，仍然無法完全理解甚至喜愛棒球。不過，這並不是他想講的。

「今天休息時，傑克大聲地問我：『諾曼叫獸，問你個問題。你太太是不是超級有錢？』接著，大家都好奇地望著我。」

「這是什麼問題？」我的興趣瞬間被勾起。

如果是陌生人問這樣的問題，那真是不太禮貌。但我已經認識這群球友一段時間了，所以知道這群大男孩雖然一些行為有點幼稚，但並無惡意，而且其中幾位的伴侶還是我的粉絲和朋友呢。

「是啊，我就問他什麼意思。」

「結果呢？」

「他們的伴侶看到妳的ＩＧ，發現妳三天兩頭出現在五星級飯店、米其林餐廳，或是在國外度假，總是看起來像個無憂無慮、不需要工作的富太太。於是他們開始猜測妳是不是名下有間飯店，或者有開餐廳。他們還說，都一起打球六年了，應該可以直接問問了吧？」

我噗哧一笑，調侃道：「我也希望啊。那你怎麼回答的？」

「當然就說妳不是啊，那只是個ＩＧ帳號啊。結果他們聽了後非常失望，因為幾個人好像真的以為妳很有錢，或許不至於像《瘋狂亞洲富豪》那樣富有，但至少也該是有錢人。原本以為能在妳的飯店住一晚或餐廳裡大快朵頤的夢也就這樣破滅了……」

唉，我又何嘗不希望擁有一間五星級飯店或米其林餐廳呢？但事實上不只是粉絲，有時候連創作者自己也會不小心沉浸在這些精心打造的虛構幻象裡漸漸迷失，忘了哪一部分才是真實的人生。扮演富家女的羅娜後來就有點這樣的症狀。

回到髒亂小房間的灰姑娘

度過麥拉倫風波後，羅娜某天發文表示自己需要暫時抽離社群媒體，稍作休息。主要原因是她的網路身分已開始影響現實生活與工作。不得不說，如今的年輕人樂於在網路上揭露自我，這確實讓我的觀察工作輕鬆了不少。相比起那些純粹為了博取同情的網紅，或是乾脆直接關閉帳號的人，羅娜選擇了一條較為中庸的路——只是減少了使用社群媒體以及參加活動的頻率。也因此，我才有機會聽她講述經歷。

羅娜來自曼徹斯特附近的一個小鎮，憑藉自身努力申請進入一流學府。大學時除了背負學貸，還得半工半讀才能順利完成學業。畢業後雖成功進入知名企業，職涯前景備受看好，但新人薪資微薄，加上學貸壓力，生活依然過得拮据。在倫敦打拚的日子裡，幾位同樣來倫敦求職的同學和網路世界成為她主要的心靈寄託。也正是在這段時間，她開始萌生在ＩＧ上塑造「富家女」形象的想法。

透過富有的朋友大衛，羅娜不僅親眼見識到那個遙不可及的貴族世界，還能暫時融入其中，享受奢華的物質資產與無可挑剔的頂級服務。然而，每次度假結束後，現實的落差總讓她感到痛苦，需要好幾天才能重新適應與室友合租的小公寓、堆滿信箱的工作交辦事項，以及廉價超市的酒與食物。

製作度假與享受的短影音時最讓她感到困難。她明白這一切都是自己選擇的，理智上也知道沒什麼好抱怨，但偶爾還是忍不住在心底埋怨——如果從未見識過那樣的世界，或是沒有「富家女」這樣的人設，或許就不會對現實感到如此失落。我問她接下來想怎麼辦，她說既然無法抹去這些經歷，且擁有金錢並非朋友的錯，那就只好學會與這些經歷共存，並專注於發展自己的帳號與職業生涯。

在人設與真實之間

除非你打算在社群媒體上完全不露面，比如那些只拍「倫敦三件套」的網紅，否則網路人設確實需要仔細思考。即使選擇不露臉，人設依然至關重要，因為你可能需要回覆網友留言，與其他創作者互動，甚至與廠商洽談合作。

像羅娜這樣，網路人設與現實個性存在落差，長期下來可能會帶來心理壓力與焦慮。社會心理學指出，維持一個與自身現實狀況高度不符的人設成本極高，不僅需要時刻謹慎發言，精心策劃內容，甚至要在公開場合刻意扮演角色。而在當今的社群環境中，觀眾對於「人設翻車」的容忍度極低，一旦真相曝光或某些行為不符合大眾期待，信任可能瞬間崩潰，形象受損，甚至影響未來的合作機會。更值得注意的是，為了減輕這種壓力與焦慮，創作者往往會下意識地縮小人設與真實自我之間的距離。以羅娜為例，她可能會透過不理性的消費行為，讓原本上班族的自己更貼近「富家女」的人設；或者反過來，透過削弱「富家女」的形象，讓上班族的自己不再感到如此疲憊。然而無論是哪種方式，這種調整往往並非真正的自我成長，而是一種壓力下的妥協，長期下來可能對身心健康帶來不好的影響。

話說回來，網路人設與現實個性有距離也不是完全沒有好處。特意建立的人設短期內或許能製造吸引力與話題，甚至迎合市場需求，獲得更多業配機會與廠商邀約；刻意塑造的形象也能在一定程度上保護個人隱私，讓帳號主人的真實生活不會過度曝光，也就是在日常生活與網路世界中劃出一條界線。此外，建立與現實個性略有差異（但仍在合理範圍內）的人設，有時反而能成為自我強化的契機，這是較少被討論到的一點。有些網紅會選擇精進自身專業，例如修習行銷相關課程以提升職場的競爭力；有些則專注於增強社群媒體的經營能力，如學習剪輯與攝影，讓作品更加精緻；甚至有人開發個人品牌或周邊商品，將影響力轉化為實際收益。這樣的發展不僅僅是為了迎合人設，更是一種探索新機會的過程，讓個人職涯變得更有彈性與可持續性。

而網路人設與現實個性相似，最大的好處是維持長久經營的穩定性，因為不需要刻意塑造形象，言行舉止更自然，讓觀眾感受到真實感與誠意，容易建立長期的信任關係。此外，當個人品牌與自身價值觀一致時，經營起來也比較輕鬆，不會產生過多心理壓力或違和感。然而這樣的做法也有壞處。首先，當網路形象與現實過於貼近，私人生活與公眾形象的界線可能變得模糊，讓人感到缺乏隱私，甚至容易遭受過度關注或人身攻擊。舉例來說，女警探梅芙分享她的工作日常很容易贏得粉絲的尊重與信賴，同時也可能成為有心人士的攻擊目標，例如曾有人到她的單位投訴，投訴卻未必屬實。其次，若個性本身較內向或缺乏話題性，可能會影響貼文內容的吸引力，讓成長速度受限。

關於人設還有一個有意思的話題：在社群網路上，擁有特別頭銜的專業人士如醫師、教授或御用大律師[13]，到底該不該標示自己的職銜呢？我的觀察是，如果分享內容與職業或學位相關，例如醫生談醫學、教授分享研究心得，那麼在ＩＧ上大方使用頭銜確實能夠建立專業形象，並帶來長期且穩定的粉絲成長。但若內容與職業無直接關聯，例如教授記錄旅遊日常，或律師分享美食，那麼是否要標示職銜，可能就需要多加考慮了。

我關注過一些在個人簡介中標示專業頭銜的帳號，涵蓋律師、醫師、會計師，當然也有博士。結果發現，除非帳號的核心內容與本業密切相關，否則頭銜對粉絲數成長的影響極為有限，即便經營者用心經營，成效仍不如預期。許多人後來索性悄悄移除了這些頭銜。這其實不難理解——網友大多不會在意美妝網紅是否是律師，或是美食博主是否擁有會計師執照。回頭看，我一開始經營ＩＧ時並未特別強調自己的學位或職銜，反而意外地做對了。畢竟沒幾個人會在意穿著露背裝，在五星級飯店喝咖啡的人是「博士」還是「叫獸」吧。

因此，如何在現實與虛構之間取得平衡，既能打造吸引人的形象，又不讓自己深陷

---

13 King's Counsel縮寫為KC，通常翻譯為國王御用大律師。比起Dr.與Prof.是在姓氏之前，KC是跟在姓名之後。

壓力，是經營自媒體的大家必須審慎考量的課題。回想起來我算是相當幸運。無論是每日穿搭、拍攝花卉，還是探索五星級飯店的咖啡館，這些都是真正讓我感到快樂的興趣。我只需拿出幾樣道具，再搭配一兩件精心挑選過的服飾，便能輕鬆完成風格轉換。

既然提到「轉換」，就不得不聊聊網紅如何將粉絲數轉化為實際收益，以及我如何在短短一個月內，靠著各種招待吃掉超過十萬台幣的美食。

Chapter 9
$10,1240

一〇一二四〇

Show me the money.

對邀約過度小心的我

靠著倫敦的奢華餐廳與五星級飯店的互惠與邀約[14]，兩人小家庭每個月的餐飲開銷能省下多少呢？答案是新台幣十萬零一千兩百四十元。沒錯，想要體驗「微」網紅的日常，又怎能錯過品牌合作的機會呢？隨著Canninglondon的粉絲數突破三千，一些品牌開始注意到我，並提出合作邀約。不過，經過考慮後我都婉拒了。一方面是覺得風格不符，另一方面則是想到網紅教母琪亞拉・法拉尼（Chiara Ferragni）的經歷。

一九八七出生的琪亞拉來自義大利，是最早一批從部落格起家的網紅，也有人稱她為網紅始祖。她的地位到底和現在一般網紅有什麼差異呢？她的故事甚至被哈佛商學院列為教學案例，還曾受邀分享她的成功經驗，你就有知道有多「特別」了。不過，對於她如何走紅，我並沒有太大興趣，畢竟成功後，總會有人替你分析為什麼成功。相較之下，我印象最深刻的是她談及自己早期犯下的錯誤——在剛嶄露頭角時，她接下了一個與鞋履品牌的合作，卻因為沒有仔細評估品質和合約條款，導致產品不如預期，險些讓剛起步的事業毀於一旦。這段經歷讓我記取教訓，對於合作邀約始終格外謹慎。

以粉絲數來看，我算是比較晚才開始接受餐廳的邀約。像每週末跑來倫敦拍「三件套」的萊拉，粉絲數才一千五百人就已經開始接業配和品牌合作了。她還常調侃我沒好好利用自己的帳號去吃免費餐，不知道在矜持什麼。除了萊拉這類較早開始接案的，其他走美食、旅行或生活風格路線的網紅，通常在三千名粉絲左右就展開合作，而標準較高的網紅，例如會計師米亞，則大多等到五千名粉絲才開始。我則是一直等到粉絲突破八千人才首次接受餐廳的試吃邀約。其實我原本打算等粉絲數突破一萬後再開始合作，但這間餐廳的邀約實在太讓人心動，就忍不住答應了。

14 就我的理解，餐廳的「互惠」與「邀約」略有不同。「互惠」通常是在用餐前，雙方已達成共識，內容創作者需在餐後發布一定數量的貼文或短影音做為回報。「邀約」則是餐廳單方面的邀請，希望受邀者在用餐後自願分享體驗，但是否發布內容以及內容的形式，仍然取決於受邀者本人的感受，並無事先的發文承諾。以我的經驗，倫敦較優質的餐廳大多採用「邀約」模式，因為他們更重視受邀者的真實體驗，希望我們能夠基於自身感受自願分享，而不是單純為了履行合作協議而勉強發文。

二〇〇六年麗思驚魂記

選擇餐廳為合作對象並非偶然，而是源自對美食的熱愛。這份熱情從小延續至今，使我樂於在各地尋找不同的餐飲體驗。在航空公司工作時，同事們抵達旅館後不是選擇休息就是去逛街，而我則迫不及待地尋找當地美食，一嚐異國風味。出國念書前，親友笑說我怎麼會選擇英國這個「美食沙漠」，但真正來到這裡後，我才發現這是個天大的誤解。英國料理或許有其局限，但倫敦絕對是名副其實且種類繁多的美食天堂——只要口袋夠深，來自世界各地的佳餚幾乎觸手可及。即便預算有限，這座城市依然藏著許多物美價廉的平民美食，等著人們去發掘。當窮留學生時，我曾挑戰一週只花十英鎊（當時約台幣六百五十元）過日子，把省下的錢留到月底，選一家高級餐廳好好犒賞自己。也正因如此，才在麗思飯店鬧了一場笑話。

大約是二〇〇六年情人節前後，我聽說麗思推出了一款體驗菜單——七十英鎊（當時約台幣四千五百五十元）、兩人共享、共十道菜，聽起來是划算到不行。於是我約了同樣熱愛美食但也是囊中羞澀的男友一起去嚐鮮。當時覺得一人三十五英鎊還能負擔得起，於是滿懷期待地前往。除了體驗菜單，我們還額外點了兩杯酒和飲料。吃到第二、三道菜時，我們開始覺得這品質與價格似乎不太匹配。再仔細一看價目表，才發現這份體驗菜單是至少兩人，每人七十英鎊。我們頓時愣住，一邊繼續用餐，一邊暗自盤算加上酒水與服務費後總共要多少錢，以及我們口袋裡有多少現金。

那個時代留學生申請英國信用卡不普遍，大家仍習慣以現金支付。而偏偏那天，我們也沒帶台灣的信用卡。兩人身上的現金加起來約兩百三十英鎊（當時約台幣一萬五千元），而帳單總額則是兩百二十五英鎊，幾乎到了「差點要留下來洗盤子」的窘境。有驚無險地離開麗思後，我們倆在倫敦二月寒風刺骨的街頭笑得幾乎停不下來。而那位貌似臨危不亂、從容應對這場突如其來「隨堂考」的男友，不僅成了我最合拍的美食夥伴，更在三年後成為了我的另一半。多年後他終於坦承，當時其實急得要命，腦中飛快盤算著有沒有住在附近的朋友能來救援——不過，這就是後話了。

我們二〇〇六年造訪麗思飯店餐廳時，這裡還沒有摘下米其林的星星。如今它已躋身米其林二星之列，成為一位難求的熱門餐廳。到了二〇二五年，體驗菜單依舊要求至少兩人同行，但價格已飆升至每人兩百一十五英鎊，且縮水至七道菜。通貨膨脹的威力果然不容小覷。

吃了所謂的霸王餐

說完我對美食的熱愛之後，是時候回到正題了。來邀約的餐廳位於攝政公園附近，是一家很不錯的高級法國餐廳。其實在這之前不久，我們就曾經自己出錢來此用餐，並且將拍攝的照片和短影音放在ＩＧ上。沒多久，他們的公關行銷經理就寫訊息來，問我是否願意去試吃他們的新菜單。後來我才發現這其實是一個小撇步。如果想讓高檔餐廳主動邀請你合作，最快的方法之一就是先以付費客人的身分體驗一次。用餐金額不必太高，像是商業午餐也是不錯的選擇。分享了用餐經驗後，經營社群媒體較積極的餐廳通常不久便會主動聯繫。若遲遲沒有動靜，你也可以主動接洽，許多餐廳對於曾經自費光顧的內容創作者通常更樂意提供機會，讓他們試吃不同餐點。不知道這是否算是一種微妙的心理遊戲呢？

這類餐廳的邀請通常允許攜伴參加，而某些活動，如品酒或下午茶，甚至可邀請兩到三位朋友同行。這次出席活動，我帶上了我老公。雖然我們偶爾會到高級餐廳慶祝節日或犒賞自己，但以「微」網紅的身分受邀，對我們而言還是頭一遭。他開玩笑的說：「結婚這麼多年，終於輪到我被請客了！」因為不曉得實際上是怎麼「運作」，我自己也很期待。

踏進餐廳後，經理熱情地迎接我們並親自引領入座。我們有些靦腆地詢問可以點些什麼，沒想到經理笑著說：「菜單跟酒單上的任何東西都可以。」這讓我們又驚喜又有點受寵若驚，畢竟酒單上有些酒款價格不菲。

這類允許受邀者自由點餐的餐廳通常會在邀請前嚴格地篩選與評估，確保合作對象合適，也寄望受邀者具備一定的專業素養與分寸感——例如不會開一瓶上百英鎊的香檳。在公司聚餐時開了兩百五十鎊紅酒的瑪雅也曾遇過類似的情況。她原以為酒水也是無限暢飲，於是大方地點了兩瓶高價葡萄酒，事後才發現邀請函上寫明的「無限」只適用於餐點，酒類則限於每人兩杯。當帳單送上時場面一度尷尬，最後還是各退一步才解決這場誤會。比較常見的做法是會在事前說明消費範圍，例如每人上限兩百英鎊，或提供特定的媒體專屬菜單。媒體專屬菜單確實方便，不僅省去點餐的煩惱，還能讓餐廳呈現他們精心搭配的招牌菜色。然而這樣的安排也有一個缺點——每位網紅的內容往往大同小異，少了些個人風格與驚喜感。

既然能自由點選，我們便想要好好享受這次機會，挑選了一些以前就想嘗試的法式佳餚，在經理及品酒師的推薦下，搭配了兩杯中價位的紅酒。餐點送上後，我立刻投入拍攝與錄影，而餐廳的服務生也相當細心，時刻確保我們擁有一場愉悅的用餐體驗。隔壁桌的老先生老太太則一臉困惑地看著這場「演出」，彷彿對眼前發生的一切感到難以理解。

真正的挑戰出現在甜點撤下之後——此刻該直接起身瀟灑離開，還是象徵性地「結個帳」才算周全？身為初次受邀的客人，我們倆私下稍作商量，琢磨著如何才不顯得「狀況外」或失禮。直接走人會不會太不識相？可萬一主動索取帳單，對方真的遞過來怎麼辦？

幾番權衡，最終決定採取折衷之道：主動走向經理道別，既表達感謝，也算盡了禮數。當向經理致意告辭時，對方露出了些許驚訝的神色，說道：「我們邀請過這麼多網紅，您是第一位特地過來致謝和道別的。」聽到這話，我不免愣了一下，幾乎是脫口而出：「真的嗎？怎麼可能？」他笑著點頭確認：「千真萬確，就是如此。」

不曉得是不是因為這個小小的舉動，讓這間集團的餐廳在之後每次開新店時都會邀請我前去試吃。從那時起我也提醒自己——離開前記得向經理或服務生說聲謝謝。不是因為期待有下次邀約，而是因為禮貌與表示感謝。也許我骨子裡就是個老派的阿姨？

味覺疲乏的攝影師

起初計畫是將邀約控制在每週一次，既為確保內容品質，也避免壓力過載。然而，倫敦遍地都是誘人的餐廳，這份克制很快便宣告失守，頻率悄然攀升至每週兩次、三次，最密集時甚至達到了一週七次。

直到某天，我察覺到身旁那位最忠實的支持者——我老公，在出門赴約前，神色間流露出一絲不易察覺的倦怠。他終於忍不住開口：「妳不覺得最近的邀約實在有點太頻繁了嗎？別忘了，白天還有學校的工作。」

我下意識地辯解：「可是人總要吃三餐呀，而且這些餐廳也不算太遠吧？」話雖如此，卻隱約感到他言下似乎另有所指。

「……而且，這幾次等妳拍完照，食物早就涼了。還有幾回冰淇淋直接融成了奶昔……」

原來如此！這才是他興致缺缺的真正癥結。回想起來，確實有幾次不自覺地陷入了那種「為了拍出完美照片，可以為一道菜拍上三百張」的網紅模式。面對涼掉的牛排和化成糖水的冰淇淋，再好的食慾也蕩然無存。

於是我開始研究如何在拍照和確保食物依舊美味之間找到平衡，比如在上菜前先找好拍照角度，或者先拍那些會融化或迅速涼掉的菜餚，這樣就能一舉兩得。同時，為了不讓他在一旁枯等太久，我也開始巧妙地「分派任務」，將他從單純的陪客轉變為拍攝團隊的一員——負責捕捉工作時的側拍照，或是在美好的用餐氛圍中錄下陶醉其中的模樣。說也奇怪，自從有了「任務在身」，他的攝影技術竟也突飛猛進（好啦，突飛猛進有點太誇張了。不過逐漸進步是有的）。而那些針對等待的小小抱怨，更是幾乎再也沒聽見過了。

梅菲爾的私人俱樂部

保守估計，過去三年我接受了約五百家餐廳的邀請。幾乎沒有一餐令人失望。絕大多數都是遠高於期望，或至少是中規中矩。有幾個最令我印象深刻的餐廳，位於梅菲爾小巷內的魚子醬餐廳無疑是其中之一。Caviar Kaspia 曾經只對會員開放，近年來逐漸開放給非會員用餐。或許是因為這個區域的私人俱樂部競爭實在太激烈了。除了被這裡曾是私人俱樂部的名氣吸引，我還沒來過梅菲爾的透天豪宅呢！這家餐廳多有名呢？連美劇《艾蜜莉在巴黎》也在這家餐廳的巴黎店址取景，以及其他很多影集都有在此取過景。

那晚的用餐體驗從按門鈴的那一刻起就相當特別。在用餐前，一位佩戴著高價勞力士腕錶的經理帶領我們參觀了餐廳（不是要刺探他的腕錶品牌，而是那一層太陽圈實在耀眼了）。一樓可以品酒搭配魚子醬還有外賣區，二樓是用餐區，三樓則是小客廳與一個私人包廂。接著，他帶我們到二樓為我們精心挑選的座位入座，這個位置不僅適合拍照，還不會太影響到其他客人，真是貼心的安排。

此處的招牌菜餚組合前所未見——熱騰騰的烤馬鈴薯奢華地搭配著晶瑩的魚子醬，確實令人大開眼界。緊隨其後的是無微不至的服務，讓人感到備受尊寵。尋常高檔餐廳或許是兩桌共用一位服務生，這裡是三位服務人員專注照料著兩桌客人，營造出一種被精心呵護的氛圍。酒足飯飽，告別了這家熱鬧非凡、流光溢彩的餐廳。我們再次踏上空曠寂靜的街頭，回味著方才那頓價值近六百英鎊的盛宴，恍惚間，真有種穿梭於兩個截然不同世界的錯覺。除了魚子醬餐廳外，地獄主廚戈登・拉姆齊的餐廳也讓我留下深刻印象。除了那道名不虛傳的威靈頓牛排外，這也是第一家給我內容創作費的餐廳。此外，哈洛德百貨附近的胡椒鹽餐廳（Sale e Pepe）的龍蝦義大利麵同樣令人回味無窮，讓人一試成主顧。唯一的小遺憾是當天並未見到洛・史都華爵士的身影。

其他領域暫且不論，但在與奢華餐廳的合作上，學校書本上的知識確實讓我受益匪淺。任何服務業課本的第一章都會提到服務的「無形性」與「易逝性」，因此我深知，即便是再優秀的餐廳也需要外界的推薦，而若缺乏足夠的曝光，場地可能顯得冷清，進而浪費許多珍貴的食材。實際上也是如此。因此，奢華餐廳的合作邀約往往成為「微」網紅最具以小博大潛力的領域，即便粉絲數不算龐大，也有機會獲得頂級餐廳的青睞。特別是，如果你的工作時間並非朝九晚五，例如大學老師、瑜伽教練或藝術家，那更是一大優勢。大多數頂級餐廳都希望將黃金時段（如週末或平日晚上七點至九點）保留給付費客人，而若你願意選擇較早或較晚的時段用餐，獲得米其林餐廳的邀約其實相對並不難。

吃美食兼聽故事

除了那些知名的奢華餐廳，探索道地的特色餐廳或異國家鄉菜對我來說同樣充滿魅力。這不僅滿足了個人的好奇心與味蕾，也讓我能將更多隱藏版的美食分享給粉絲。透過ＩＧ，我得以品嚐到遠自祕魯、喬治亞、烏茲別克，乃至烏克蘭等地的家鄉風味。

其中最讓我難以忘懷的是一家位於肯辛頓區的烏克蘭餐廳。拜訪當時，俄烏戰爭的烽火已持續近一年，戰爭的阻隔也讓我與許多過去在烏克蘭互助組認識的朋友們斷了聯繫。因此當餐廳主人瑪麗安娜邀請我前往試吃時，我幾乎是立刻就答應了。

抵達餐廳後，瑪麗安娜盛情地讓廚房準備了菜單上的每一道菜餚，做成精緻小份供我們品嚐。但那頓飯的意義遠不止於味蕾的享受。我感覺到，與其說是單純的試吃邀請，瑪麗安娜更渴望的是一個傾聽的對象——希望我們能聽聽她的國家正在經歷的故事，那些關於戰爭的苦難與掙扎。她告訴我，原本只計畫在倫敦待上幾個月，餐廳開幕後便要回家鄉。未料戰爭爆發，意外地將倫敦變成她暫時無法離開、必須紮根之地。她帶著我介紹餐廳內那些從家鄉烏克蘭帶來的擺飾，就可以感覺到她不只是餐廳的老闆，這間餐廳對她來說更像是她在倫敦的家，餐廳內當初和他一起從烏克蘭來倫敦打拚的員工們現在就像她的家人。

另一家印象深刻的店是位於利物浦街車站附近的喬治亞餐廳，老闆也有類似的經歷。他說當年為了躲避俄軍侵略才從喬治亞搬來倫敦。更特別的是，他的小女兒是在倫敦出生長大的，因此無論是英語還是成長文化都更像是典型的英國人，或者用倫敦人來形容她更為貼切。老闆頗為擔心，小女兒不像大姊和二姊那樣心繫喬治亞，只對兵工廠足球隊的表現感興趣。看來，許多移民的煩惱都是相似的。

在溫馨的餐廳裡，我們首次嚐到一種外型酷似巨型湯包的傳統美食Khinkali。看著盤中那飽滿碩大的「喬治亞湯包」，我習慣性地拿起叉子正要下手，餐廳老闆卻趕忙趨前，溫和地指點迷津：「不不不，在喬治亞是習慣直接用手捏住它頂端的『小揪揪』，小心翼翼地先咬開一小口，吸吮裡頭飽滿的湯汁精華，這樣才不會流得到處都是！」這番景象和吃法，不禁讓我聯想到台灣家鄉的小籠湯包，只不過眼前這個湯包是我們的XXL放大版！

席間，老闆還自豪地介紹喬治亞是「葡萄酒的發源地」，我們起初還半信半疑，以為只是店家說說笑。沒想到隨手一查資料，才驚訝地發現這說法竟真有所本！考古證據顯示，當地早在西元前六千年便有釀酒痕跡，比普遍認知的伊朗記錄更為古老。不僅如此，喬治亞更擁有超過五百種本土原生葡萄品種，在在都印證了其悠久得不可思議的釀酒傳統與歷史底蘊。看來，無論是飲食文化的淵源還是道地的品嚐方式，世界之大，我需要學習和體驗的顯然還太多太多。

每次拜訪這類充滿人情味的家庭式小館，我總會格外珍惜盤中飧，提醒自己與同伴不浪費分毫，深知小本經營的不易。如果餐點確實美味、體驗也令人愉快，我也會盡可能多分享幾則貼文或短影音。希望能透過自己這一點小小的影響力，為他們帶來更多懂得欣賞美食的客人，讓這樣的好味道能被更多人知道。

吃掉一〇一二四〇元

吃過那麼多餐廳，雖然沒有哪一餐讓人完全失望，但總有些餐廳顯得相對普通。遇到這種情況該怎麼辦呢？這其實是大家經常討論，也是我被問到最多的問題之一。

有些創作者選擇坦誠分享體驗，但結果往往不盡人意，因為並非所有店家都樂於（或有雅量）接受不加修飾的真實回饋。我便曾有過這樣的經驗：基於過去在行銷及航空服務業的訓練，我向某餐廳委婉指出了服務流程中可改進之處（忍不住職業病上身！），沒想到對方不僅未表感謝，字裡行間反而透露出「幹嘛多給意見，添麻煩」的意味，讓我頗為尷尬。

再者，食物的美味與否本就極為主觀。記得有一次在一家五星級飯店品嚐所謂的「創意中泰融合料理」，坦白說，對我而言味道實在普通，離「驚艷」更是相去甚遠。然而鄰桌一對來自美國的母女遊客點了幾乎一模一樣的菜色，卻吃得讚不絕口，直呼是她們畢生嚐過最棒的泰國菜。這樣南轅北轍的評價又該怎麼說呢？

另一種做法是，如果體驗平平或不佳，就選擇乾脆不發文。但我個人不太喜歡這樣，因為這可能讓某些店家經理誤會，覺得你接受了招待卻沒履行分享的（潛在）承諾，彷彿只想「白吃白喝」一頓，反而造成不必要的誤解與芥蒂。

因此我逐漸摸索出自己的應對之道：在接受邀請前，我習慣先仔細瀏覽餐廳的公開資訊、網路評價與實景照片，特別留意其裝潢設計與整體氛圍。我會優先考慮那些看起來至少達到一定水準、具有視覺吸引力的店家。這樣一來，即便餐點口味不符預期或僅屬一般，至少餐廳的燈光、裝飾或獨特氛圍仍有值得捕捉與分享的素材。這麼做或許帶點自我安慰的成分，讓我心裡比較好過一些，至少能讓我在履行分享義務時不必說出違心之論，守住誠信的底線。

儘管餐點是免費的，但身為微網紅，許多合作並不包含額外的金錢報酬。我曾嘗試向部分餐廳提議收費，但大多數的經理認為，提供免費餐點已經是足夠的回報，多次失敗後，自詡為還算會談判的我感到有些無奈與挫折。與其他姊妹討論這個問題時，大家的看法也大相徑庭。一派認為，餐點只是貼文或製作短影音的一部分，內容創作者的時間與交通成本應該另外計算；另一派則認為，免費餐點已經涵蓋了所有報酬。

於是我決定仔細算一算，如果這些餐廳邀約全都要自費，每月的開銷究竟有多少。先有個概念，再決定下一步該怎麼辦。結果讓我大吃一驚——二〇二四年八月，餐廳邀約的餐費總計高達兩千五百三十一英鎊（約新台幣十萬零一千兩百四十元）。即便在十月學校最忙碌的時候，也花了一千八百七十一英鎊（約新台幣七萬四千八百四十元）。相比之下，以往我們家每月在家的食材費加上外食開銷大約是八百至一千英鎊，從數字上來看確實是省了一筆錢。只是不知為何，我並沒有特別開心，畢竟這些合作並沒有真正帶來實際的收入，錢也沒有直接進到我的口袋。

儘管我認為網紅的時間與交通成本應該另計，但短期內似乎也找不到解決之道。一位風格與我相似的朋友曾一度堅持，沒有額外付費就不接受邀約，結果整整三個月沒有收到任何合作，最後也只能向市場現實低頭。她的粉絲數可是我的兩倍多呢。為了避免再次想不開而進醫院，或許我該向退休夫妻艾莉絲與亨利學習他們的豁達與從容。

社群媒體不是年輕人的專利

在那個互助小組裡，艾莉絲算是個特別的存在，因為她是裡頭少數幾位比我年長的成員。從她的貼文內容看來，她似乎曾是位中學老師，幾年前剛退休。當時我們互動不多，僅止於小組規定的互相追蹤。坦白說，我原以為她只是玩票性質，大概很快就會淡出，沒想到她卻展現出驚人的毅力，一直認真經營著自己的帳號。後來我們都離開了互助組，彼此的追蹤關係還在，但是互動就更少了。對她的印象大致停留在她有三隻可愛的狗、一位同樣退休的先生，以及對英國鄉間漫步的熱愛。而就在這段時間裡，她的帳號竟也默默成長茁壯了起來。

我們真正熟悉起來是在二〇二三年聖誕節前夕的一次巧遇。那天我應邀到攝政街上的一家餐廳用餐，餐廳位置絕佳，正好能俯瞰攝政街與牛津街交會處璀璨的節日燈飾，夜景格外迷人。正當我興致勃勃準備捕捉這片美景時，卻發現視野最好的角落已經被兩個人先占了。耐心等了一會兒，見他們似乎沉浸在自己的世界，沒有要離開的意思，便禮貌地上前詢問，是否能稍稍借個位置讓我拍幾張照。對方轉過身來，沒想到竟然是艾莉絲和她的先生亨利！她也立刻認出了我，當下便熱絡地聊開了。說實話，再次見到她，知道她不僅沒放棄還經營得有聲有色，我著實有些意外。艾莉絲似乎也看出了我的好奇便笑了，毫不藏私地說明她堅持下來的原因。

她和先生亨利一向熱愛美食，也樂於到倫敦欣賞各類表演，無論是音樂劇、歌劇，還是單口喜劇，幾乎來者不拒。然而這些活動對一般上班族而言已是不小的開銷，對依靠退休金生活的夫妻來說更是負擔不輕。直到某天，艾莉絲從學生口中得知，原來網紅能獲得公關票和餐廳邀約。這讓她靈機一動，於是便開始經營社群帳號，逐步踏入這個圈子。你猜她主打什麼主題？沒錯，小修改過後的倫敦三件套。不到一年他們就累積了相當數量的粉絲。

艾莉絲坦率地說：「我們其實沒有想成為頂尖網紅的野心或慾望，說穿了，這對我們而言就是一筆相當划算的『交易』。靠著這個帳號，我們每個月能省下將近四千英鎊的餐飲和娛樂開銷。省下來的錢正好能拿去規劃旅行，或是買些禮物給孫子孫女們。」聽到他們單靠經營社群就能省下如此可觀的一筆費用，我不禁小小吃了一驚。但轉念一想，這完全說得通——畢竟我還需要上班，時間有限；他們已經退休，時間相對自由，理論上幾乎可以天天安排各式各樣的「免費」體驗活動，把這份「副業」的效益發揮得淋漓盡致。

看著艾莉絲專注地調整角度為食物拍照，亨利則在一旁默契十足地配合、捕捉她的神情與動作——那種合作無間、樂在其中的畫面溫馨又動人。那一刻我竟有些恍惚，彷彿看到了二十年後的自己與伴侶的身影。也正是受到他們的啟發，我後來也開始更積極地接受倫敦文化與娛樂圈的邀約，藉此機會觀賞了不少精采的音樂劇、舞台劇以及各式表演，大大豐富了生活體驗。

雖然艾莉絲說他們從未想過成為網紅或是什麼影響者，更不打算將其當作職業，但他們的投入與專業程度，甚至比許多年輕的網紅還要來得認真、更有「職業」道德。我笑著對他們說：「我們把工作精神帶進了網路世界。」話音剛落，彼此相視一笑，心照不宣。畢竟我們都聽過一些不太光彩的故事——浪費食物、影響其他客人的體驗、不履行承諾、甚至惡意中傷……而在倫敦的餐廳網紅圈中，布蘭達無疑是極具爭議的人物之一。

先上車後補票的布蘭達

「你的餐廳不錯。我幫你上傳個短影音，這餐當報酬如何？」

餐廳的邀約通常分為兩種形式：一種是讓網紅自行選擇合適的時間前往用餐，另一種則是餐廳在特定日期舉辦公關活動，將受邀者聚集在一起。特別是新開幕的餐廳，經常採用後者來提升曝光度。有一次我受邀參加一家新開的板前壽司（Omakase）餐廳的內部試吃會。先前生病低潮時，莫妮卡曾多次帶我參加各種活動散心，這次難得有這樣的機會，心想正好可以回報她一番，便邀她一同前往。當天餐廳裡氣氛熱絡，顯然邀請了大約十組左右的內容創作者或網紅來搶先體驗。

才剛踏進餐廳，正尋覓著座位，莫妮卡卻忽然一把拉住我，壓低聲音緊張兮兮地說：「妳看，布蘭達在那邊！我們離她遠一點。」我一時還沒反應過來布蘭達是何方神聖，人已經被她不由分說地拉到一個燈光較暗、相對偏僻的角落坐下，遠離了眾人矚目的吧台中心區域。

莫妮卡悄聲解釋：「跟妳說上次的事。布蘭達約我吃義大利麵，說是想請教怎麼拿到時尚周的門票。看約的地點就在公司附近，我就赴約了。用餐聊天時倒還好，結果快結帳時，她居然直接走向櫃檯跟店員『提議』：『嘿，你們餐廳不錯，我幫你們拍支短影音分享，這頓就當作互惠，怎麼樣？』」

我聽得一愣，簡直不敢相信自己的耳朵：「等等……這種事不是都該去之前說好的嗎？」

「對啊！人家客氣地拒絕後，她還不死心，硬是推銷自己，說什麼她有三千個粉絲，機會難得。語氣還帶點威脅，感覺對方要是不答應，她就準備上網寫負評了。」

我瞪大眼睛驚呼：「然後呢？」

莫妮卡先是爆了一句英國國罵，接著說：「店員直接拿出手機，打開ＩＧ，淡定地說：『我們餐廳有六萬粉絲，Google上有超過五千則評價，平均四．六顆星。我個人帳號也有五千粉絲。妳還是趕快結帳吧，說不定我還能教妳怎麼經營帳號。』」

我瞬間笑噴：「這算是免費課程嗎？」

莫妮卡翻了個白眼，悻悻地補了一句：「搞不好餐廳還以為我跟她一夥的，然後我還得跟這個丟臉的傢伙平分麵錢，真是見鬼了！」

當壽司師傅開始捏壽司的時候，我親眼見識到了布蘭達的威力。由於餐廳內燈光昏暗，大家紛紛拿出補光機或開啟閃光燈，想要拍出更好的照片。沒想到坐在板前的一對美國觀光客（他們是付費顧客）立刻跟經理提出抗議，說這些強烈的閃光影響了他們的用餐體驗。經理問他們是否願意移到其他桌子，他們則表示不願意，並且拒絕了任何折扣或小點心的補償，堅持要求經理解決閃光問題。

經理立刻陷入尷尬的境地，因為一邊是付費顧客，另一邊是十組被邀請來的網紅，無論如何處理都可能得罪一方，真的是進退兩難。最終，他勉強走過來，請求我們是否能減少使用閃光燈或補光設備。當然，把這麼多網紅邀請來，同時又讓一般消費者也在餐廳用餐，的確是餐廳考慮不周。不過大多數人還是盡量配合了，但是布蘭達完全不買帳，不但不配合，還故意將閃光燈對準那對觀光客的臉。沒多久那對觀光客氣憤離開，經理也無奈地免了他們的餐費。等公關菜單上的十道菜都上過後，師傅客氣地問大家有沒有吃飽，就只有布蘭達嫌棄地說食物很少。師傅只好尷尬地再捏了一盤壽司給她。好吧，或許她就真的胃口比較大吧？

後來在一場高級琴酒試飲活動中，布蘭達因為喝得太多，當場吐得到處都是（那次的酒確實很烈，但也不至於喝到這種程度）。自從那之後，我在各種活動中便很少再見到她了。毫無疑問，布蘭達是我經營帳號以來遇過最「有趣」的人之一。

前面提到的網紅始祖琪亞拉在二〇二三年再度陷入危機。她在聖誕節與復活節期間推出自家的蛋糕與彩蛋，並承諾將所得捐給兒童慈善機構。然而，經調查後，義大利司法機構認為她涉嫌誤導粉絲。最終她不僅被罰款三千四百萬台幣，還支付了四千一百萬台幣的和解金，甚至可能面臨一年至五年的牢獄之災。對我們「微」網紅來說，發生這麼嚴重法律事件的機會不大。不過這並不代表可以輕忽。

Chapter 10
The loneliest place on earth

倫敦微網紅的孤單與連結

倫敦是個擁有近九百萬人口的城市，卻也可能是世界上最寂寞的地方。

「微」網紅的紅地毯

「主辦方誠摯邀請您與一位同行嘉賓，於二〇二四年十二月十日晚上七點，出席位於文華東方酒店的新餐廳開幕活動。」

這麼說或許有些誇張，但在文華東方酒店內舉辦的活動品質一向不差，更何況是新開的亞洲餐廳，以出手闊綽聞名。這場開幕應該會相當盛大，現在的問題是——究竟有多盛大？我稍微打聽了一下，規模確實不小。擁有九十萬粉絲的葳葳安已確定出席，據說有八十萬粉絲的義大利美食網紅路易也答應前來捧場，其他粉絲數超過三十萬的網紅也不在少數。

「要去嗎？我粉絲才不到兩萬五，會不會很糗啊？」我有些忐忑地問老公。

「人家都邀請妳了，就是覺得妳夠格啊。而且我們下午不是本來就在附近？」

說真的，有時候我還是不太懂，他的自信到底是哪裡來的。但這次他倒是說對了，下午我們確實會在附近處理一些學校的事情。而且，萬一情況不妙，我還可以溜到對面的哈洛德百貨，看看鞋子，買個包包，就當作是給自己一點精神補償……

快七點時，我們抵達餐廳門口。雖然沒有紅地毯，但排場依然氣派非凡。受邀賓客正在餐廳內熱絡地參與主辦單位安排的畫畫活動，場面盛大，恐怕聚集了上百人。我一眼就看見葳葳安，她宛如一顆閃耀的行星，周圍簇擁著一群渴望與她合作或請教指點的「衛星」。若要用成語形容，便是「眾星拱月」。

「正在和主辦單位聊天的就是擁有八十萬粉絲的路易。他左手邊那位印度女孩才二十三歲，卻已經有二十萬粉絲。再左邊，那個穿著露背洋裝的金髮女孩有十五萬粉絲，上次英航還特地出機票錢請她去芝加哥……」我如數家珍地向老公介紹。

介紹完畢，幾乎可以肯定自己是全場粉絲數最少的那個。正盤算著要不要乾脆溜去對面哈洛德時，一個帶著有點過度興奮神情的女孩忽然跑了過來。

「妳就是Canninglondon，對吧？我是賈姬。餐廳請我們公司主辦今天的活動，是我傳訊息邀請妳的！」

道了謝，她緊接著興奮地說：「妳知道嗎？啊，妳當然不會知道。在我們和餐廳討論邀請名單時，其實還特地提到了妳的帳號呢！餐廳原本覺得妳的粉絲數不算多，猶豫要不要邀請。但我和同事都超愛妳拍的喝咖啡系列，所以我們就把妳的帳號開給餐廳看。他們一看到妳常出入四季酒店和半島酒店，也來過文華東方，立刻就沒意見了。」

一時之間實在不知道該感謝她的誠實，還是該感謝她的支持。

「妳看那邊，就是餐廳老闆、他的經理和投資人。快跟他們揮手！」賈姬像吃了太多糖的小孩連珠炮地說著。我順著她的指示，向那群看起來像是石油大王的中東男士揮了揮手。為首的老闆微微點了點頭，隨即又回到自己的談話中。

「這家餐廳在世界各地像是紐約、好萊塢、杜拜也有分店，妳到時候限時動態記得tag其他分店。下次如果有活動，看能不能請妳去。」賈姬說完，就匆匆跑去招呼其他網紅了。

我心想：這就有點誇張了……阿姨還是知道自己幾斤幾兩的。

賈姬跑走後，我看了看會場，瞥見一兩位東亞面孔的內容創作者，心頭不禁一陣興奮。回想年輕時熱衷於探索各種非中式料理餐廳，當時便注意到，東亞臉孔在這類場所總是相對稀少。那時候，部落客文化方興未艾，「網紅」一詞還是聞所未聞，專門介紹英國餐廳旅館的華人部落客更是屈指可數。多年過去，情況已悄然改變。不僅台灣女性的用餐選擇日益多元，許多來自台灣的網紅也開始與歐美餐廳合作，甚至出現了專為企業對接華人網紅的台灣行銷公司。儘管台灣創作者在倫敦許多場合依然不多見，有時甚至僅我一人，但這些變化確實讓人不再那麼孤單，也引發了更深層的思考——這條路究竟會通向何方？

家有一老……

倫敦是一座多元文化的國際大都市，對網紅以及渴望成為網紅的人而言，擁有無法抗拒的吸引力。標誌性的地標、豐厚的文化底蘊，以及極高的曝光機會，使這座城市成為網紅夢寐以求的舞台。看看那些因「倫敦三件套」迅速吸引大批粉絲的網紅便可見一斑。然而，激烈的競爭與內容的高度飽和，使得脫穎而出變得更加困難，而高昂的生活成本與無形的心理壓力，則進一步提升了挑戰門檻。

隨著參加活動的次數增加，我們這群專攻倫敦奢華餐廳的大女孩與小女孩們，逐漸形成了一個鬆散卻有點默契的小圈子。每次活動見面總會互相打招呼，而當彼此發布新貼文時也會優先去點讚、評論、分享，形成一種不言而喻的支持網絡。

參加活動時，寒暄是必不可少的——畢竟社群媒體嘛，總得要社交一下。但寒暄的話題不可能永遠繞著ＩＧ或社群媒體，久而久之，難免會談及更私人的話題，比如年紀、工作、甚至家庭狀況。我不喜歡說謊，頂多是選擇性揭露，因為對我而言，說謊不是建立友誼的好方式，而且我也不喜歡講言不由衷的話。有一次，歐仙娜問：「介意我抽菸嗎？」

我回答：「介意，因為我不想吸二手菸。」

她愣了一下，驚訝地說：「妳怎麼這麼直率？」

我微笑但正經地說：「是妳問的啊。」

於是幾年下來，像歐仙娜、萊拉和米亞這些較為熟識的朋友，大致知道我是個四十多歲、已婚、會講真心話、在大學任教的阿姨級人物。或許是因為夠資深、性格直率，又或是「老師」這個身分的影響，我不知不覺間成了年輕人的心靈導師，也成了同齡女性的傾訴對象。最初她們只是趁活動空隙向我請教一些簡單的建議，後來甚至會特地約出來，希望老阿姨能為她們的人生指點迷津。於是，社群媒體與現實生活的界線開始變得越來越模糊。

還記得那位在餐廳巧遇洛爵士的麗莎嗎？平日在五星級旅館擔任櫃台的她，曾特地來找我討論職涯規劃。二十五歲的麗莎總是善用空閒時間拍攝自己跳舞或搞笑的影片，並逐漸累積了一群忠實粉絲，還獲得了不少餐廳邀約和服裝業配的機會。曾經是朋友羨慕對象的她卻逐漸感到迷惘，對這樣的生活能持續多久心生疑問。她說，當她連續幾天在旅館值班，睡在旅館提供的房間時，那種迷惘感格外強烈。「朋友們在職場上不斷晉升，我卻好像還在原地踏步，拿些餐廳邀約、免費衣服過日子。粉絲數似乎很難真正轉換成收入……不確定還能這樣多久。」麗莎的這番困惑，恰好也觸及了我長久以來思考的問題。加上過去服務業的經歷，兩人很自然地深入聊了起來，交換了不少心得。後來，她決定從小地方開始改變——先與經理溝通，希望能申請當儲備幹部，並參與旅館的網路行銷工作。沒想到她的經理早有此意，只是不確定麗莎是否有這樣的職涯規劃。雖然不能說麗莎的困境已迎刃而解，但至少事情開始有所不同。而且她也不需要放棄自己辛苦經營的ＩＧ，只是那些過於搞笑的影片，可能就不太適合「儲備幹部」這個新身分了。

比起職涯規劃，更多女孩帶著感情問題來傾訴。而當我提到，我在她們這個年紀約會時，既沒有手機，也沒有社群媒體，只有BB Call時，反而更勾起她們的興趣，想聽聽這位「老阿姨」的見解。（順帶一提，她們完全不知道BB Call是什麼。）這算是另類的「家有一老，如有一寶」嗎？

路易莎是一位在我只有二十個粉絲時就關注我的義大利漂亮小網紅。經過幾年與男友一起拍攝倫敦的日常生活與穿搭，她逐漸走紅，粉絲從十萬成長到接近二十五萬，成為不折不扣的「網紅」。然而在同一時期，她的英國男友萊恩的粉絲數僅從十萬增長到十二萬。路易莎說，萊恩對這樣的落差越來越感到不平衡，這種情緒也開始影響他們的感情。這似乎是許多網紅情侶都會遇到的難題。

首先，在IG上，女性比男性更容易吸引粉絲。根據統計，IG前二十大帳號中只有六個是男性。對於「微」網紅來說，我懷疑性別之間的差距更為明顯。再者，這其實反映了長久以來，感情或婚姻中經濟實力較弱的一方是否應該放棄事業的辯論。過去面臨這樣抉擇的通常是女性，但在路易莎和萊恩的關係中，卻是男方處於這樣的困境，而萊恩對這樣的發展感到不習慣。

感念路易莎過去的支持，雖然給不出什麼職涯上的具體方向，我還是盡力傾聽。最終提出了一個堪稱萬用的建議：放下工作，一起去趟小旅行。這方法對許多關係遇到瓶頸的朋友都適用，無論婚前婚後。旅行順利，有助於增進感情；若不順利，也能讓人更看清彼此是否適合走下去。

於是路易莎和萊恩決定前往越南度過兩週。不過兩人並未完全放下工作，仍定期更新貼文和短影片，還接了一兩個當地的旅遊業配。旅行結束後不久，路易莎傳來私訊，給了一個震撼彈：「萊恩和我決定去東南亞壯遊，住上半年。」對此訊息我大感驚訝，立刻追問更多細節。

有趣的是，在旅行途中他們不是接了業配嗎？廠商對萊恩影片的表現相當滿意。雖然萊恩在倫敦的男性網紅圈中算得上不錯，但在東南亞卻顯得異常吸引人。不僅吸引了餐廳和旅館，連服飾品牌也希望與他合作。因此他們決定搬過去試一試。我問路易莎，那她怎麼辦？難道她就得犧牲？她回應說，反正先去半年，前段時間可以靠庫存的圖片和影音，之後可以和五星級旅館及奢華餐廳合作，應該不會有太大影響。他們說走就走，一個月後已經在胡志明市發文了。我佩服年輕人的勇氣與行動力。半年過後，他們決定再多待半年。中間他們要去台灣旅遊前，還問了我一些旅遊資訊。看到路易莎不需做過多犧牲卻能讓彼此都開心，我也終於放心了。

多才多藝的IG伴侶

社群媒體表面上看似熱鬧非凡，但我們時常感到孤獨。這一路上，我分享了自己與許多倫敦網紅友人的故事，但還有一個關鍵角色尚未登場——IG老公／男友／伴侶。沒有他們，這些故事恐怕少了許多精采的細節。

拍照錄影的空檔，ＩＧ伴侶們如果沒在幫忙，通常會聚在一旁低聲交談。出於好奇，有次我忍不住問老公：「ＩＧ伴侶們私下都在聊什麼啊？」

他隨口回道：「喔，不外乎比誰比較辛苦、講講妳們（這些網紅）的壞話，還有抱怨自己是被奴役的『無價』勞工之類的吧。」

「啊？」我瞬間傻眼，一時不知如何回應。

看我愣住，他才笑著解釋：「怎麼可能？多半是聊運動賽事，哪裡有不錯的酒吧，還有天氣吧？妳也知道英國人有多愛聊天氣。」

「就這樣？」我有點意外，還以為會有更勁爆的內容。

他笑了笑，反問：「那妳來看我打球時，碰到球友的太太或女朋友，妳們又都聊些什麼？」

仔細一想，好像還真是如此。話題多半也是逛街購物、哪裡有好吃的、下週天氣如何之類。輕鬆愉快，但確實談不上多有深度。

但我直覺，這背後一定還有更多故事。於是我開始留心觀察這些ＩＧ伴侶，進而發現——這些「幕後功臣」的世界，精采度絲毫不輸給我們這些鏡頭前的主角。

ＩＧ伴侶的工作範圍遠超過一般人的想像，他們的職務描述大概比許多正職還要多工，稱他們為全能助理一點也不為過！以下幾個他們常扮演的角色：

一、交通警察：在街頭拍照時，一個不留神就可能撞到行人，嚴重的甚至可能被車擦撞，或者——好吧，這可能有點誇張——被轉彎中的公車壓扁。不過，ＩＧ伴侶的確時常伸手拉住我們的袖子或手臂，確保我們不會因為專注於取景而直接闖進馬路，最後落得進醫院的下場。

二、保鑣：近年來倫敦街頭的治安每況愈下，騎機車的搶匪時常盯上路人的包包與手機。因此ＩＧ伴侶的職責不僅是幫忙拍攝，還多了一項——隨時警戒四周，留意那些快速接近的陌生人，確保我們還沒拍夠時，手機不會先被搶走。說到底，手機被搶走事小，裡面存著的照片與影片才是真正無可挽回的損失！

三、攝影師兼體操選手：我曾看過一位女生把自拍棒夾在兩腿之間，上半身則一本正經地錄製介紹大笨鐘的影片。除了下半身畫面略顯不雅，我不得不佩服她的創意，以及能夠讓上下半身彷彿各有獨立腦袋般協調運作的能力。相比之下，我們這些擁有ＩＧ伴侶的「微」網紅就輕鬆多了。只需適時提供一頓美味的餐點，就能讓這些「無償勞工」繼續默默地奉獻。甚至有時還得請他們像體操選手般完成各種難度動作，為我們拍出最完美的照片。

四、道具師：上次我在諾丁丘看到一位男生在幫女生拍照，他身旁放著一個大袋子，讓我不禁多看了幾眼。沒多久，他從袋子裡拿出幾個零件，簡單組裝後竟然搭出了一個行動更衣間！他的女伴鑽進去，幾分鐘後換了一身全新的造型出來，繼續拍攝。我震驚地轉頭看向老公，他立刻擺手，語氣堅決的說：「想都別想。」

雖然大多數ＩＧ伴侶不會隨身攜帶行動更衣間，但他們身上的道具可一點都不少——補光燈、化妝包、行動電源、三腳架、雨傘，甚至拍照用的小道具，樣樣俱全。幾週後，我再度路過同個地點，發現路邊的電線桿上多了一張公告：「人行道不是你的更衣間。」也只有倫敦這種地方才會出現這麼荒謬又合理的告示吧。

五、導演、技術指導與心理輔導員：有一次，我們在一個狹窄的高樓戶外平台拍攝。排在前面的艾莉絲愁眉苦臉地說，今天她的髮型亂得不行，皺紋也特別明顯，怎麼拍都覺得自己很醜，總之就是怎麼都不順的一天。只見亨利不僅耐心地安撫她，還提出了不少調整建議，比如拍右臉而不是左臉、換用○．五倍的鏡頭、增加背面的拍攝、減少正面的鏡頭……等。稍事休息後，他們順利完成了拍攝。雖然模特兒是艾莉絲、帳號也是她的，但很顯然，如果沒有亨利的協助，今天他們恐怕什麼都拍不成。

我是「微」網紅

比起其他研究方法，民族誌的田野調查時間很長，研究者有時會失去時間感。因此對於什麼時候該結束調查，也有許多建議可以參考。比較常見的有：一、當已經一段時間沒有新資料可蒐集時；二、當你開始過度認同研究的族群，而喪失研究者的身分時。雖然這微網紅計畫並非學術定義上的民族誌研究，不過這些年前輩留下的田野經驗，我還是有放在心上。

經營IG五年下來，依舊時常遇到讓人大開眼界的新鮮事。但我更能清晰感受到，自己的身分認同已在潛移默化中悄然轉變。起初，我總自嘲是學者偽裝的「偽」網紅，後來逐漸安於學者與「微」網紅並存的雙重身分。

轉變的感受有多真實呢？直到二〇二四年底與一群舊識聚餐時，我驚覺自己「微」網紅的身分已悄然凌駕於學者之上。當我分享著網路上的所見所聞（但刻意省略了自己的「微」網紅體驗計畫）時，一位友人帶著輕蔑的語氣笑道：「什麼網紅，八成都是靠出賣肉體，或者等著被包養吧？妳知道的，就是那種找『乾爹』（sugar daddy）的。」他還特意加重語氣，刻意強調「乾爹」兩字。

話音剛落，腦中立刻閃過那些與刻板印象截然不同的同行身影——退休後專心經營帳號的艾莉絲，曾帶著巴黎糕點來分享的歐仙娜，還有在我病倒時仍不忘邀約看秀的莫妮卡……怒火瞬間竄上心頭，忍不住提高音量反問：「你又懂什麼？」

一桌子熱鬧頓時凝結，所有目光都投向我們這邊，試圖弄清狀況。那位友人神色尷尬，囁嚅著解釋可能多喝了幾杯，急忙想轉移話題。然而，我感覺他的歉意並非源於對自身偏見的反思，更多是意識到，在攜家帶眷的聚餐場合說出這番話，有失他所謂的「身分」吧。

當然，我並不天真，從未認為自媒體圈純潔無瑕。五年下來，信箱裡早已塞滿各式包養邀約與索取裸照的訊息，也曾親見網路上的友人因性傾向遭受霸凌，甚至被惡毒地詛咒去死。更不乏耳聞一些較灰暗的消息：有女孩（或男孩）疑似因拍攝性感內容而被「贊助」生活開銷；也有創作者透過OnlyFans（總部在英國倫敦一個常被稱為「成人版IG」的平台）與付費觀眾建立起很微妙的關係，遊走在情感與交易的灰色地帶中尋求更多支持與關注。這些現象也提醒著我，數位世界從來都不只是濾鏡與濾鏡下的美好。

某種程度上，網路世界確實是現實社會的一面鏡子，社群媒體的匿名性更放大了其中的陰暗角落。但我始終相信，對社群媒體、「自媒體」乃至「網紅圈」的理解，不應被先入為主的偏見或媒體渲染的幻想所左右。我們更需要的是保持客觀，努力尋求多元的視角與真正的相互理解。

回到家，心頭的怒氣依然難消，我把聚餐上那番對話一五一十地告訴了老公。他聽完，沉默了片刻才緩緩開口：「或許，妳該把這些經歷寫出來。」

我有些錯愕：「那樣……不就等於自曝身分了嗎？」

他語氣帶著鼓勵：「如果妳真的對這種偏見感到憤慨，那麼站出來或許就值得。畢竟，想得到些什麼，總得捨棄些什麼。而且，妳確實有個好故事可說。」

他的話聽起來似乎太過理想，也把事情看得太簡單。畢竟這個「微」網紅的身分並非憑空而來，是我花了整整五年，經歷無數起伏、幾度進出醫院才慢慢積累起來的。這樣一個好不容易建立的身分，怎能說放就放？

接下來幾晚，我輾轉反側，難以入眠。友人那句「出賣肉體」的輕蔑語氣和老公那句「妳有個好故事」的鼓勵，在腦海中不斷交戰、迴盪。

終於，在一個清冷的早晨，一個念頭豁然開朗。我打開電腦，開始敲打下屬於我的這趟「微」網紅奇旅。

Summary and Reflection

回首來時路：田野筆記總結

Whatever will be, will be.

二〇二五年春天的一個週末，敲下了去年底那場關於「出賣肉體」與「乾爹」的聚餐對話，我慢慢闔上筆電。這趟「微」網紅的奇旅似乎也來到了終點。心裡有個聲音說：小媳婦總算要見公婆了。

此刻，倫敦正擺脫漫長冬日與午後四點便天黑的陰鬱。窗外，山茶與櫻花含苞待放，預告著春天的腳步。倏地，腦海中竟跳出了戴比的身影，那位以「辣手摧花」聞名的女子。很奇妙，在寫作即將收尾的這一刻，第一個想到的竟是她。

「想出去走走，去肯頓市集。」我對老公說，「那是故事開始的地方。」

穿上外套，坐進了他的Mini——是的，他的敞篷保時捷在二〇二三年底的一場大火中化為烏有。

那是個再平凡不過的早晨，他照常開車上班，將車停進倫敦北邊機場新落成的停車場。下課空檔時，突然新聞上插播機場停車場起火的消息。望著電視畫面中高達五層樓、熊熊燃燒的烈焰，他想：「不會吧！」但是另一個聲音卻告訴他——他的車應該已經被燒光了。這場大火肆虐了整整兩天一夜，將他心愛的保時捷、其他一千五百輛汽車，以及整座停車場化為焦黑的廢墟。而這一切，只因建商當初未安裝自動灑水系統。

對於保時捷燒毀，車主本人反應倒是出奇地淡定（他的說法是「舊的不去，新的不來」），反倒是我，心情久久難以平復。或許因為這是唯一一台我曾鄭重參與選購的車，更或許是深刻體會到，物質財富竟是如此輕易便能被奪走。我當然也曾失去過財物，但從未以如此盛大而公開的方式——接連幾天的新聞報導、電視畫面——親眼見證自己的「財產」化為烏有。這番經歷也確實帶來了一些啟示。

每個人對「體驗」的價值判斷各不相同。有人願意砸下重金去旅行、觀看比賽／藝文活動、品味美食，而也有人認為，這些體驗轉瞬即逝，錢花了就沒了，不值得。與其如此，不如拿去買房、買包、買車。這大概是見仁見智的選擇。火燒車這件事並沒有讓我否定擁有美好物質財產的價值，否則我恐怕也很難繼續當行銷教授了。但至少在接下來的一段時間內，無論是購買有形或無形的財產，我都會更慎重地衡量它所能帶來的體驗價值——它是否能成為一種深植記憶、無法被奪走的財富，即便某天它不復存在。

至於那位淡定的「前」保時捷車主，他說這次過癮了，決定換一台務實點的車。千挑萬選之後，他最終選了一輛敞篷Mini（其實在保時捷與敞篷Mini中間，他還曾短暫擁有過一台更「特別」的車。但這個特別的故事恐怕要等到下集或者……等未來有機會再現身說法了）。總之，我們顯然對「務實」的定義有著截然不同的理解，畢竟倫敦一年有一半以上的時間都在下雨。

「有些事情繞了一大圈，好像最後還是會回到最適合自己的樣子，對嗎？」我望著窗外問道。

「嗯，有些是吧。但更多時候是，就算景物依舊，人事也早已不同了。」他專注地開著車，語氣平靜地回應。

車子來到肯頓市集那個熟悉的角落。諾曼問，要不要再錄一支短影音紀念一下？

「不了。」我搖搖頭。二〇一九年的那一刻，終究是無法複製的。

心頭卻不禁浮起一個念頭：如果當初沒有那支七秒影片，沒有那短短半天內破八千的觀看次數，自己還會踏上這條「微」網紅之路嗎？

思緒飄遠，車子已駛向聖約翰伍德（St. John's Wood）。

「還記得那時候，我們為了結帳的事猶豫了好一會兒嗎？」我笑著問他。

短時間內密集拜訪五百多家餐廳後，我多了一個難以啟齒的煩惱。這煩惱說出來大概會被嘲笑，甚至被扣上「不知民間疾苦」的帽子吧——那就是，我的味覺竟悄悄變得挑剔起來。曾經驚艷味蕾的餐廳，如今嚐來只覺得普通；過往熱愛的「俗又大碗」，現在卻嫌它又油又鹹。

就說那家初次受邀試吃的法國餐廳，後來我們還自掏腰包回訪過。頭兩次那驚為天人的舒芙蕾，這次再嚐，味道明明沒變，卻怎麼也找不回當初的感動了。還有巷口那家土耳其串烤，向來以分量足、滋味好著稱，如今卻淪為不知該吃什麼時的「備案」。有次店員親切地問起：「怎麼這麼久沒來了？」我只能心虛地打哈哈：「最近比較忙啦……」真相是，店家水準多半沒變，變的是我們那早已被養刁了的胃口。更扯的是，現在有時會喜歡食物的原味，烹調時不加任何調味料。不曉得這算不算ＩＧ衍生出的後遺症或副作用？

信步走在攝政公園鋪滿落葉的小徑上，我隨手拍了支在枯葉中奔跑的五秒短影音，隨意上傳，沒想到竟意外吸引了三十萬次觀看。這驚人的數字反而勾起了心底的不安。「網友會不會覺得我在班門弄斧？用『網紅』這詞合適嗎？會不會有人根本不喜歡被這樣稱呼？」一連串的疑慮脫口而出，拋向身旁的老公。

他沒接話，只是伸手指向不遠處那棟熟悉的建築。「妳看，那是我們以前教書的學校。」窗內透著微光，彷彿昔日辦公室裡我們的身影仍在燈下晃動。我一時語塞。不知道他是真的沒聽見我的焦慮，還是又將裝傻的本領發揮到了極致。

比起那些曾與黑幫或非法移民打交道的學界前輩，我的「偽」田野調查之路無疑幸運許多。無須離開安穩的校園，更不必冒上人身風險，僅憑一支能連上網路的手機便得以潛入這個虛擬場域，在兩個截然不同的世界間自由穿梭。然而，長期而頻繁地切換身分認同，偶爾還是會帶來一種微妙的游離感——彷彿我既不完全屬於學術殿堂，也未能真正融入那個光鮮亮麗的網路社群。那感覺有點像即便已在英國旅居近二十載，內心深處偶爾仍會浮現格格不入的「外來者」感受，卻又猛然意識到，若單純按時間計算，自己其實早已比許多新來的移民待得更久、更久了。

如果沒有經營IG，我或許永遠不會知道有年輕人竟然會拿房租去投廣告，或是網路詐騙可以逼真到如此程度，甚至連手機用太多會導致近視加深這件事都親身體驗了——過去一年，我的近視度數竟然飆升了兩百度，連驗光師都驚訝得直呼，這年紀我應該得老花了才是。但知道了又如何？有時，這些訊息除了讓人嘆息，似乎也只是徒增煩惱。我不認為那些與清潔工或黑幫周旋的前輩們會有這樣的煩惱。他們只需擔心別因為吸入過量清潔劑而中毒，或是在黑幫械鬥時不幸被流彈波及。單純多了。

來到梅菲爾那家魚子醬餐廳門口，我搶在他開口前笑著打趣道：「不用客氣。不過，人家還沒打算再請我們去。」我心裡清楚，他對那頓堆滿魚子醬的烤馬鈴薯盛宴顯然還念茲在茲。不過說實話，魚子醬的滋味固然美妙，那天真正讓我記憶猶新的，反倒是用餐完畢、直接起身離開的那一刻。鄰桌客人誤以為親眼目睹「高檔餐廳零元購」，那副又驚又疑、不知所措，卻又努力緊抿上唇[15]的神情實在太有趣了——畢竟，英國人一向是以內斂鎮定聞名的。此後，類似的「免單離席」戲碼又上演了幾次，每次都帶給我一種小小惡作劇得逞般的快感。

那麼，這趟旅程是否讓我在學術上更進了一步？或許有些許助益，但體感上相當有限。更引人深思的是，我們在課堂上所傳授的知識與真實世界的運作究竟有多貼合？答案或許令人洩氣：有，但往往不足。除非當前的高等教育體系能有根本性的變革，否則學術理論與產業實務間那道巨大的鴻溝，恐怕短期內仍難以跨越。

行經多切斯特飯店，我的思緒飄向那支每年情人節觀看數仍在悄悄增加的短影音，同時也意識到，在ＩＧ這個平台上，自己始終還差一支真正破百萬觀看的「爆款」影

15 英國人常透過緊抿上唇（keeping a stiff upper lip）來壓抑情緒，這種行為反映了英式文化中對自制、克己與「情緒不外露」的高度重視，是維多利亞時代以來延續至今的社會禮儀傳統之一。

片。革命，尚未成功。

最後，也是最核心的問題：追尋「微」網紅身分的這段歷程，最終是否滿足了我對新鮮感與刺激的渴望？畢竟，那份刺激正是當初踏上這條路的驅動力之一。我為此數度進出醫院，甚至荒謬到被醫生懷疑有毒癮，轉介了美沙冬門診。然而，老實說，若真是以職業態度經營社群，網路能帶來的刺激其實相當有限，僅有零星片刻令人真正興奮。想做好自媒體或成為網紅，生活往往需要極度規律，甚至趨於單調。對我而言，踏進教室準備上課前那份心跳加速，其強度與頻率似乎都勝過網路世界多數時候的體驗。或許這才是除了微薄薪水外，我到目前都還無法全職投身「網紅」事業的真正癥結吧。

縱然如此，過去這五年的點滴回憶，我視若珍寶，不願與任何事物交換。這一路邂逅的朋友們：從最初邀我入夥的克麗奧，到烏克蘭與東南亞的姊妹淘；從開了昂貴紅酒的瑪雅，到扮演富家女的羅娜；還有專拍倫敦三件套的萊拉、伴我走過低谷的莫妮卡與米亞、爽朗的法國女孩歐仙娜，以及駕馭空拍機的雙胞胎卡洛蘭與娜蒂雅……若非社群網路，我的生命不會闖入這麼多形形色色的靈魂。走到騎士橋附近時，我看見了衛斯理飯店。

「這是五星級的嗎？」我問。

他點了點頭說：「那……要不要進去喝杯咖啡？這樣又可以有素材了！而且妳今天剛好有背小愛包可以一起入鏡。對了，這是第一〇一還是第一〇二間了？」

「不知道，回家再看你的筆記本吧。」

就在這時，帶著高禮帽的門房微笑著幫我們拉開大門，響亮地歡迎道：「歡迎來到倫敦衛斯理！」

陽光灑落，微風輕拂，今天真是美好的一天。

This book is dedicated to…

本書獻給

本書獻給一路支持的家人與朋友、在網路上相遇的女孩／男孩們與創作者們，還有那些仍在努力產出內容、與演算法奮戰的影音創作者。

還有所有陪我生活與創作的貓咪們，帳號是用Canning的名字開的，但靈感與陪伴，來自你們每一隻喵星人。

國家圖書館出版品預行編目資料

爆紅、成癮、愛馬仕：一位英國教授的社群媒體臥底觀察/陳安妮(Annie Chen), 彭諾曼（Norman Peng）著. -- 初版. -- 臺北市：商周出版：英屬蓋曼群島商家庭傳媒股份有限公司城邦分公司發行, 2025.08

面；　公分. -- (Live & learn ; 137)

ISBN 978-626-390-599-3(平裝)

1.CST: 情境心理學 2.CST: 虛擬社群 3.CST: 資訊時代 4.CST: 社會環境 5.CST: 大眾行爲

541.75　　114008307

線上版讀者回函卡

爆紅、成癮、愛馬仕：一位英國教授的社群媒體臥底觀察

Influence, Vanity, and the Birkin Dream: Undercover in the World of Likes, Luxury, and Addiction

作　　者／陳安妮Annie Chen、彭諾曼Norman Peng
責任編輯／余筱嵐

版　　權／游晨瑋、吳亭儀
行銷業務／林秀津、吳淑華
總　編　輯／程鳳儀
總　經　理／賈俊國
事業群總經理／黃淑貞
發　行　人／何飛鵬
法律顧問／元禾法律事務所　王子文律師
出　　版／商周出版
115台北市南港區昆陽街16號4樓
電話：(02) 25007008　傳真：(02)25007759
E-mail：bwp.service@cite.com.tw
發　　行／英屬蓋曼群島商家庭傳媒股份有限公司 城邦分公司
115台北市南港區昆陽街16號8樓
書虫客服服務專線：02-25007718；25007719
服務時間：週一至週五上午09:30-12:00；下午13:30-17:00
24小時傳真專線：02-25001990；25001991
劃撥帳號：19863813；戶名：書虫股份有限公司
讀者服務信箱：service@readingclub.com.tw
城邦讀書花園：www.cite.com.tw
香港發行所／城邦（香港）出版集團有限公司
香港九龍土瓜灣土瓜灣道86號順聯工業大廈6樓A室；E-mail：hkcite@biznetvigator.com
電話：(852) 25086231　傳真：(852) 25789337
馬新發行所／城邦（馬新）出版集團 Cite (M) Sdn. Bhd.
41, Jalan Radin Anum, Bandar Baru Sri Petaling, 57000 Kuala Lumpur, Malaysia.
Tel: (603) 90563833　Fax: (603) 90576622　Email: service@cite.my

封面設計／丸同連合
排　　版／芯澤有限公司
印　　刷／韋懋印刷事業有限公司
總　經　銷／聯合發行股份有限公司
電話：(02)2917-8022　傳真：(02)2911-0053
地址：新北市231新店區寶橋路235巷6弄6號2樓

■2025年8月初版　　Printed in Taiwan
定價400元

城邦讀書花園
www.cite.com.tw

 ISBN 978-626-390-599-3 電子書ISBN 978-626-390-598-6（epub）